Meine Name ist „Flensburg", Minenjagdboot „Flensburg"!

Episoden aus der Dienstzeit eines deutschen Minenjagdbootes.

Hartmut Spieker

Die Fotos in diesem Buch sind 50 Jahre alt und z.T. etwas
unscharf.
Der Titel des Buches ist in Anlehnung an 007 gefunden:
„Mein Name ist Bond, James Bond"

.

Für die Männer der Erstbesatzung des zweiten deutschen Minenjagdbootes.

Impressum:

1. Auflage 2022
Titel der deutschen Originalausgabe:

Mein Name ist „Flensburg" - Minenjagdboot „Flensburg"

Text Copyright © 2022:
Hartmut Spieker, 26419 Schortens

Bibliografische Information der Deutschen
Nationalbibliothek: die Deutsche Nationalbibliothek
verzeichnet diese Publikation in der deutschen
Nationalbiografie; detaillierte bibliografische Daten sind im
Internet über dnb.d-nb.de abrufbar.

Umschlagbild und Grafiken:
Dirk Gaiser, San Carlos, CA (USA)

Herstellung und Verlag:
BoD - Books on Demand, Norderstedt
ISBN: 9783756232628

Moin!
(Diese für die deutsche Nordseeküste übliche ganztägige Anrede kommt aus dem Plattdeutschen und steht für „Moi'n Dag", also einen „schönen Tag. Abgekürzt ist das „Moin" Das plattdeutschen Wort „moin" steht für „schön", „angenehm".". Schwätzer sagen „Moin Moin")!

Also: Moin ..... und ich möchte mich kurz vorstellen.

Ich bin das Minenjagdboot „Flensburg". Geboren wurde ich am 3. Dezember 1959 als Küstenminensuchboot „Flensburg". Meine Eltern lebten in einer Fernbeziehung: Der Vater war die Bundesmarine mit Wohnort Bonn und die Mutter die Burmester-Werft mit Wohnort Bremen-Lesum. Pate war die Stadt Flensburg, vertreten durch die Tochter des damaligen Stadtpräsidenten, Fräulein Ute Petersen.

Ich bin das 15. von 18 Kindern. Wir alle 18 haben wohlklingende Namen deutscher Städte. Meine älteren Geschwister sind Lindau (*1958), Göttingen (1958), Koblenz (1958), Wetzlar (*1958), Tübingen (*1958), Schleswig (*1958), Paderborn (*1958), Weilheim (*1959), Cuxhaven (*1959), Düren (*1959), Marburg (*1959), Konstanz (*1959), Wolfsburg (*1959) und Ulm (*1959). Nach mir kamen noch Minden (*1960), Fulda (*1960) und Völklingen (*1960) in unser Element, das Wasser.

Wir alle gehören zu der bekannten „Lindau-Familie". Unsere Familie ist wegen ihres guten Geschmacks, insbesondere wegen ihrer Liebe zu Mahagoni-Holz nicht nur in Deutschland bekannt, beliebt und geachtet; wir alle werden von manchen auch beneidet!

Wegen der hohen Anzahl an Kindern wurden wir zur Erziehung und Ausbildung zunächst in drei Gruppen aufgeteilt. Das waren das 4. Minensuchgeschwader in Wilhelmshaven sowie das 6. und das 8. Minensuchgeschwader in Cuxhaven. Ich wurde dem 8. Minensuchgeschwader zugeteilt. Jede dieser drei Gruppen hatte einen Coach, der sich Geschwaderkommandeur nannte. Für unsere Erziehung und Ausbildung hatte sich ein jeder Kommandeur etwa 70 weitere Männer zur Unterstützung ausgesucht. Frauen waren an unserer Erziehung weniger beteiligt.

Am 15. Juli 1963 wurde unsere Gruppe 8 aufgelöst und wir wurden auf die beiden anderen Gruppen aufgeteilt. Gemeinsam mit „Fulda" und „Völklingen" kam ich zum 4. Minensuchgeschwader nach Wilhelmshaven.

Als ich am 3. Dezember 1959 das Licht der Welt erblickt hatte, wurde Oberleutnant zur See Günther Fromm mein erster Chef. Er nannte sich Kommandant und stammte aus Schortens. Er hatte bereits drei Jahre in der Kriegsmarine gedient und dort erste seemännische Erfahrungen gesammelt. Später sollte er im hohen Dienstgrad eines Vizeadmirals als Befehlshaber die gesamte deutsche Flotte führen.

Unsere Aufgabe war es anfangs, Grundminen und Ankertauminen aus dem 2. Weltkrieg, die noch in der Nordsee lagen, zu suchen und zu beseitigen. Diese Aufgabe dauerte viele Jahre. Die von uns von Minen frei geräumten Seegebiete wurden „Zwangswege" genannt, auf denen sich die Handelsschifffahrt nun wieder sicher bewegen konnte. Das alles geschah natürlich in der Zeit des Kalten Krieges.

An drei besondere Aktionen aus jenen Jahren, als ich noch als Küstenminensuchboot durch die nordeuropäischen Gewässer fuhr, kann ich mich gut erinnern.

Da war zum einen die sog. Eidererprobung. Günter Fromm sollte und wollte mit mir erproben, ob Schiffe meiner Größe und meines Tiefganges sicher von Tönning über Friedrichstadt nach Prinzenmoor und weiter auf dem 2,8 km langen Gieselau-Kanal nach Oldenbüttel in den Nord-Ostsee-Kanal fahren können. Hintergrund war die Schaffung einer Alternative zur Fahrt von der Ostsee in die Nordsee im Kriegsfall, falls die Schleuse Brunsbüttel zerstört sein sollte. „Man kann" war das Ergebnis, auch wenn wir einmal kurz auf Schlick festgesessen haben!

Immer wieder wurden einzelne unserer Werftliegezeiten im Ausland durchgeführt. Man wollte Werften in den Niederlanden, Belgien und Frankreich mit den deutschen Minensuchbooten vertraut machen und dänische wie norwegische Werften mit deutschen Schnellbooten. Dieses waren vorbeugende Maßnahmen für den Fall, dass im Kriege die deutschen Werften in der Ostsee, an Elbe und Weser zerstört sein sollten. Die Küstenminensuchboote verlegten vornehmlich für 3 Monate in die Werft Amiot nach Cherbourg. Diese Verlegungen waren sehr beliebt, insbesondere, wenn sie im Sommer erfolgten, das „Leben wie Gott in Frankreich" gefiel den Besatzungen immer sehr gut.

Und dann gab es noch die Eisverlegung. Das hat nichts mit dem Kalten Krieg zu tun, sondern das waren Vorsichtsmaßnahmen der Marineführung für uns Holzboote. Bei sehr starkem Eisgang, wenn die Häfen zufrieren - wie im Januar / Februar 1963 - sind wir Holzboote besonders stark gefährdet: das Eis könnte uns beschädigen, unsere Spanten eindrücken, die Außenhaut angreifen, Wasser könnte eindringen. Und daher verlegten wir in solchen kalten Zeiten immer in solche westeuropäische Häfen, die noch vom warmen Golfstrom profitierten und nicht zufroren.

Die sechs Nachfolger von Günter Fromm hatten mit mir die gleichen Aufgaben zu erfüllen, wie der allererste Kommandant. Dieses waren Eberhard Papf, Dieter Frank, Ernst-Helmut Brüggemann, Wolfgang Lippoldt, Dirk Hoffmann und Hanno Brandt. Die Arbeit als Küstenminensuchboot war hart, die Aufgaben waren immer gefährlich und kosteten viel Kraft und Zeit. Gute Seemannschaft war von jedem Marinesoldaten an Bord gefragt, wenn bei hohem Seegang die mechanischen, akustischen und magnetischen Minenräumgeräte ausgebracht und später wieder eingeholt werden mussten. Und hohen Seegang gab es in der Deutschen Bucht sehr oft und nicht zu knapp. Der Wind kommt hier zumeist aus Nord-West, aus Richtung Island und kann sich in der Shetland-Bergen-Enge richtig aufbauen. Diese Enge zwischen Schottland und Norwegen wirkt dann wie eine Düse.

Die technologische Entwicklung verlief in diesen Jahren rapide - auf allen Gebieten und in vielen Ländern. So hatten sich die Engländer Mitte der sechziger Jahre auch eine neue, effizientere Methode für die Beseitigung von Seeminen ausgedacht und entwickelt: mit Unterwasserschall wird der Meeresboden im Voraus abgesucht. Sie nannten das „mine hunting", also Minenjagd. Die Seeminen werden sodann lokalisiert, markiert und dann von Minentauchern gesprengt. Bei der Minenjagd spielt das Zündsystem der Mine daher keine Rolle.

Die Bundesmarine hatte schon bald beschlossen, zwei Boote unserer Lindau-Familie mit dieser modernen Technologie auszurüsten. Dazu mussten die Boote umgebaut werden. „Fulda" war 1968 bis 1969 das erste Boot und ich folgte 1970. Am 25. März 1970 wurde ich außer Dienst gestellt und bei meiner Mutter, der Burmester-Werft an der Lesum in Bremen zum Minenjagdboot umgebaut. Mein Bauch wurde aufgeschnitten und ein runder Sonardom an dieser Stelle eingebaut. Die bisherige schöne Kommandantenkammer mit ihren Bulleys (so heißen die Fenster an Bord) wie auch der dazugehörige Vorraum wurden als OPZ (das ist die Operationszentrale) hergerichtet. Ein Anbau wurde auf das Hauptdeck gesetzt. Er dient für Unterkünfte und einen Taucher-Store. Ja, und ich erhielt auch noch eine zusätzliche Antriebsanlage: diesel-elektrisch für Schleichfahrt bei der Minenjagd. Die Firma Schottel aus Oberspay am Rhein lieferte diese Anlage, die sonst häufig auf Flussfähren zu finden ist. Im Oktober 1971 sollte der Umbau abgeschlossen sein und ich in frischem Glanz mit viel Elektronik im Bauch wieder in Dienst gestellt werden.

Die neue Besatzung unter Führung von Kapitänleutnant Hartmut Spieker wurde bereits zum 1. Oktober 1971 zusammengestellt. Es waren 5 Offiziere, 4 Portepee-Unteroffiziere, 16 Unteroffiziere und 18 Mannschaften. Zusammen also 43 Soldaten die mich künftig pflegen und durch die Meere bewegen sollten. Doch meine Eltern hatten sich am Ende der Umbauphase arg zerstritten. Mein Vater, die Bundesmarine, war mit der Arbeit meiner Mutter, der Burmester-Werft, nicht zufrieden. Die vielen neuen unterschiedlichen elektronischen Geräte störten sich gegenseitig. Dieses durfte natürlich nicht sein und beeinträchtigte auch die Sicherheit des Schiffes, also meine Sicherheit. EMV oder elektromagnetische Verträglichkeit nennt man dieses Phänomen. Die vielen Mitarbeiter meiner Mutter waren dann bemüht, das Problem zu lösen und meinen Vater zu befriedigen. Das alles dauerte allerdings recht lange und so konnte ich erst am 12. September 1972 wieder im Dienst gestellt werden. Endlich war es soweit und ich konnte wieder zur See fahren, mit einer neuen, hoch motivierten Crew. Und das waren schon tolle Typen, diese 43 Marinesoldaten, die mich nun bewegen wollten. An einige von ihnen kann ich mich noch gut erinnern.

Der Alte

Da ist zunächst „der Alte", wie der Kommandant an Bord von Marineschiffen immer genannt wird - obwohl er zumeist gar nicht so alt ist. Er heißt Hartmut Spieker, ist Kapitänleutnant und einer der ersten zwei deutschen Offiziere, die in der Minenjagd ausgebildet worden sind. Das war in Portsmouth in England bei der Royal Navy erfolgt - in Kombination mit der Ausbildung zum Minentaucher-offizier. Er ist auch bereits als Springer-Kommandant auf mehreren Küstenminen-suchbooten eingesetzt worden, bevor er zu mir an Bord gekommen ist.

Harry

Er heißt eigentlich Harald Freier und ist als Oberleutnant zur See der 1. Wachoffizier, oder kurz IWO. In der Marine wird immer gesagt, dass der IWO das Muli ist, auf dem der Kommandant zur Party reitet. Das ist vielleicht übertrieben, aber der IWO ist tatsächlich für den gesamten Innendienst von Boot und Besatzung verantwortlich. Er führt die 1. Division und organisiert das Leben und die Arbeit an Bord. Harry hat die gleiche Ausbildung in Portsmouth erhalten, wie „der Alte", nur einige Jahre später.

Schwarzdrossel

Das ist der IIWO oder 2. Wachoffizier. Leutnant zur See und Zeitoffizier. Er heißt eigentlich Johann-Georg Goldammer und will Förster werden, also Forstwissenschaften studieren. Daher hat er sich nur für 4 Jahre bei der Marine verpflichtet und scheidet danach aus. Er sollte aber später noch sehr oft wieder an Bord kommen - auch als Kommandant, denn er leistete sehr viele Wehrübungen ab. „Schwarzdrossel" ist ein dufter Typ mit vielen tollen, immer neuen und unkonventionellen Ideen.

Hein

Hein Arendt, der IIIWO, Leutnant zur See und der dritte Wachoffizier. Hein war früher Navi gewesen, als Gefreiter, dann als Maat und später als Bootsmann. Danach hat er die Ausbildung zum Offizier des militärfachlichen Dienstes erfolgreich durchlaufen. Hein träumt immer davon, einmal im Leben Tonne, also Seezeichen zu sein. Denn dann könnte er die ganze Zeit - ununterbrochen - in See sein - so sagt er immer wieder!

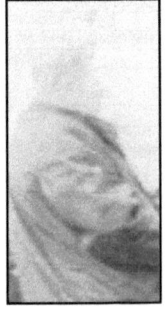

Der STO

Günter Dannemann ist als Leutnant zur See der Herrscher über die Unterwelt, also über die gesamte Schiffstechnik. Der Antrieb, die Elektrotechnik und die Schiffssicherung hören auf seinen Befehl. Er stellt mit seiner 2. Division immer wieder sicher, dass wir fahrbereit sind und auslaufen können.

Der Sonarmeister

Er ist der „Intellektuelle" an Bord, beherrscht er doch die Elektronik des neuen Waffensystems Minenjagd mit dem britischen Sonarsystem S 193 M von Plessey als Herzstück. Dazu hat man in der Werftzeit bei Burmester doch tatsächlich meinen Bauch aufgeschnitten und einen runden Schacht eingebaut, in dem der Sonarschwinger ausgefahren werden kann. Bernd Schwitalla - so heißt

der Sonarmeister - hat zusätzlich die Zollwaren zu verwalten. In See bekommen die Soldaten monatlich eine Flasche „Hochprozentiges", die sie mit nach Hause nehmen dürfen. Im Auslandshafen gibt es dazu „Sofortbedarf" für die Besatzung!

Der Tauchermeister

„Mein Gott, Walter". Ja, Walter Schicks ist der Tauchermeister und er ist ein Original, ein „Hansdampf in allen Gassen", immer hilfsbereit, identifizierte er sich 150%ig mit mir, seiner „Flensburg". Wenn etwas fehlt, besorgt es Walter unverzüglich. Er pflegt ausgezeichnete Verbindungen zu vielen Menschen in unterschiedlichen Dienststellen und Ämtern und hat immer wieder neue Einfälle und Ideen. Leider sollte er viel zu früh nach unserer gemeinsamen Zeit versterben.

Ali

Das ist der E-Meister. Aloysius Krisor sorgt mit seinen „E-Mixern" für die Stromversorgung in richtiger Form am richtigen Ort und in ausreichender Menge. Dazu hat er drei MWM-3-Zylinder-Diesel (Typ 518Dn/5) mit 220 V Gleichstromgeneratoren einsatzfähig zu halten. Er lacht oft und gerne; seine herzhafte Lache ist ein Markenzeichen für ihn und daran erkennt ihn jeder an Bord bereits von weitem.

Moddel

Moddel, Volker Blum ist der jüngste in der PUO-Messe. Er sorgt gemeinsam mit seinen beiden MOT-Maaten und vier MOT-Gasten für meine Bewegung, meinen Vortrieb. Dazu habe ich zwei Mercedes-Maybach-MD-871-16-Zylinder-V-Motoren mit je 2.000 PS im Bauch, die zwei dreiflügelige Escher-Wyss-Verstellpropeller antreiben.

Zusätzlich habe ich die beiden Schottelpropeller, die waagerecht zur Oberfläche der See aus meinem Heck schauen und hydraulisch abgeklappt werden können. Ein Maybach-V-8-Dieselmotor mit 900 PS ist extra für den Schottelantrieb eingebaut worden. Maximal 28 m³ Diesel-Kraftsoff können Moddel und seine Männer übernehmen. Damit hat der „Alte" die Möglichkeit, mich bei einer Geschwindigkeit von 14 kn immerhin 900 sm zu fahren - ehe Moddel wieder tanken muss.

12. September 1972 - Indienststellung

Nun ist er da, mein großer Tag. Ich stehe im Mittelpunkt und werde bereits zum zweiten Mal feierlich in Dienst gestellt. Ich glänze im Sonnenlicht; die hellgraue Farbe der Aufbauten, das Mahagoni von Schandeckel und Handläufern, die vielen Messingbeschläge, alle tragen zu dem schönen Bild bei. Und dann bin ich auch noch mit vielen Flaggen vom Heck über Top bis zum Bug geschmückt - alles ist von der neuen Crew mit viel Liebe und Engagement dem Anlass entsprechend herausgeputzt. Ich freue mich über mein „Outfit", denn so gut habe ich lange nicht mehr ausgesehen!

Der Kommandant meldet an Kapitän zur See Horst Wenig, dem Kommandeur der Flottille der Minenstreitkräfte: „die Besatzung zur Indienststellung angetreten".

Zahlreiche Gäste sind zu dieser kurzen Zeremonie erschienen, darunter auch Günter Fromm, der mich ja ab 3. Dezember 1959, also vor knapp 13 Jahren zum ersten Mal führen durfte. Er ist heute als Kapitän zur See der Kommandeur vom „Kommando Marineführungs-systeme" (KdoMFüSys) in Wilhelmshaven. Vertreter der Werft, des Bundesverteidigungsministeriums, des Bundesamtes für Wehrtechnik und Beschaffung, des Marinearsenals und natürlich der Marine sind ebenfalls dabei und geben mir die Ehre.

Nach einigen Ansprachen befiehlt der Kommandant endlich „heiß Flagge und Wimpel": ein Soldat setzt die Heckflagge, einer die Gösch und ein dritter den Kommandowimpel an der höchsten Stelle am Mast. Dazu pfeift der Maat der Wache „Seite".

Das war alles und schon bin ich wieder Teil der deutschen Flotte. Ich gehöre wieder zum 4. Minensuchgeschwader. Dessen Kommandeur ist aktuell der Fregattenkapitän Hermann True, der natürlich auch an der Feier teilnimmt. Im Geschwader fahren neben mir 7 Küstenminensuchboote und meine ältere Schwester, die „Fulda", die ja als erstes Boot zum Minenjagboot umgebaut worden ist. „Fulda" und ich sind natürlich etwas Besseres als die anderen sieben, die ja nur

14

Minensuchboote sind und viel weniger Elektronik an Bord haben als ich und daher auch viel weniger effizient sind.

Nach diesem formalen Akt treffen sich die Gäste und die Besatzung zu einem Empfang an Bord. Schon morgen soll es mit der Seefahrt und mit der Ausbildung der neuen Besatzung losgehen.

Im September 1972 - Einzelausbildung

„Einzelausbildung" heißt der Auftrag für mich und die Crew in diesen Wochen. Der „Alte" muss mit seiner Crew lernen, mich sicher und unversehrt durch die Weltmeere, nun ja, wohl eher durch die nordeuropäischen Meere zu führen und zu fahren. Dazu gehören handwerkliche Dinge wie gute Seemannschaft, Brandabwehr, Leckabwehr, Erste Hilfe, Mann über Bord, Ankermanöver, Anlegemanöver, Ablegemanöver, sichere Navigation, Teilnahme am internationalen Funkverkehr und vieles mehr.

Täglich laufen wir aus der 4. Einfahrt in Wilhelmshaven aus. Oft aber auch von Helgoland. Das ist besonders attraktiv, denn nur wenige Minuten nachdem ich die Pier im Hafen verlassen habe, können die Männer an Bord mit mir anfangen was sie wollen - oder besser, was die Ausbildungserfordernisse verlangen. Und für die Crew ist es auch attraktiv: abends auf dem „Fuselfelsen" an Land gehen zu dürfen, auf Helgoland, der einzigen Hochseeinsel in Deutschland, auf der zudem Zollfreiheit herrscht.

Am Ende der ersten beiden Wochen steht dann die „Seeklarbesichtigung" an. Der S3 des Geschwaders, Korvettenkapitän Conny Bürger, kommt mit einem Team an Bord. Diese erfahrenen Marinesoldaten prüfen nun, ob die Crew mit mir zusammengewachsen ist und sie mit mir sicher zur See fahren kann - noch ohne Einsatz der Waffensysteme zunächst. Nach dem Einlaufen erhalten wir die positive Beurteilung und ein jeder erhält dann auch ein „Einlaufbier".

Wir sind nun bereit für den nächsten, schwierigeren Schritt in der Ausbildung, für die „Gefechtsausbildung".

Im Oktober 1972 - Gefechtsausbildung
Der „Alte" soll mit seiner Crew nun die Waffensysteme beherrschen lernen, das ist primär natürlich die Minenjagd, aber auch die Fliegerabwehr mit der „Muhspritze" auf der Back (dem Vorschiff), wie die Soldaten immer sagen, also mit der Bofors 40 mm Kanone.

Im Hafen ist der Sonarschwinger im Sonardom hydraulisch in meinen Bauch hineingeholt und wird vom „hard Dome" geschützt. Vor dem Minenjagdeinsatz muß dieser „hard dome" gegen den „soft dome" ausgetauscht werden. Der Erstere besteht ganz aus Messing und schützt den Sonardom und damit das gesamte Schiff bei normalen Fahrten - auch im Winter und bei Eisgang - vor einem Wassereinbruch. Der „soft dome" besteht aus einem Ring aus Messing, der einen starken, flexiblen, aufblasbaren Ballon umschließt. Wenn dieser unter dem runden Schacht angebracht ist, wird er durch Wasserdruck „aufgeblasen" und der Sonarschwinger kann gefahrlos in diese Halbkugel aus Wasser ausgefahren werden. Das ist eine Übung für die Crew, die sitzen muss, denn ohne diesen Wechsel gibt es keine Ausstrahlungen der Sonaranlage in das Wasser und zurück und damit auch keine Minenjagd.

Als nächstes muß eine „Short-Scope-Buoy" ausge-bracht und ihre Position vermessen werden. Bei dem nun folgenden Minenjagdeinsatz bewegt sich das Boot immer relativ zu der „Short-Scope-Buoy", die über einen sehr geringen Schwojkreis verfügt. Sie dient der genaueren Navigation (viele Jahre später soll es ja tatsächlich eine ganz genaue Navigation über Satelliten geben!).

Nun wechselt der „Alte" den Antrieb: die beiden großen Dieselmotoren, die zu laut sind, werden abgeschaltet und der leise diesel-elektrische Antrieb mit den Schottelmotoren wird eingeschaltet. Mit den beiden kleinen Schrauben kann man die Geschwindigkeit sehr genau regulieren, und ich bin optimal beweglich, kann aber nur noch max. 6 Knoten fahren. Die Minenjagd kann beginnen.

Zumeist ist der Minenjagdeinsatz in einem Gebiet geplant, in dem „Übungsminen" liegen. Das sind Minen, die auf den Meeresgrund gelegt worden sind und die von der Crew in der OPZ mit der Sonaranlage mit etwa 100 KHz geortet, also gefunden werden müssen. Das ist nicht ganz einfach bei den vielen flimmernden Kontakten auf dem Bildschirm und bedarf einer recht langen Erfahrung. Wenn der Sonargast nun einen „possible mine-contact" sieht und meldet, untersucht der Bootswaffenoffizier diesen Kontakt mit einer höheren Frequenz von 300 KHz. Sobald der Kontakt als Mine klassifiziert wird, müssen die Minentaucher an die Arbeit. Ein Schlauchboot wird ausgesetzt und mit zwei Minentauchern bemannt, die über a-magnetische Tauchgeräte verfügen. Die Minentaucher lassen zunächst einen Sonarreflektor aus Messing (er sieht aus wie eine große Eieruhr) an einem Seil auf den Meeresgrund sinken und heben ihn sodann für etwa einen Meter an. Der Bootswaffenoffizier kann nun auf dem Sonarbildschirm sowohl den möglichen Minenkontakt als auch den Sonarreflektor - und damit die Position des Schlauchbootes sehen. Über Sprechfunk führt er die Minentaucher zu dem Minenkontakt. Er spricht das Schlauchboot praktisch zu der Mine hin. Das Verfahren wird „conning-run" genannt. Dort angekommen, wird der Sonarreflektor versenkt und einer der beiden Minentaucher taucht ab, untersucht den Kontakt und meldet über Funk, was er gesehen oder - wenn die Sicht gleich Null ist - gefühlt hat. Nun hat der Kommandant ein gutes Lagebild und kann entscheiden, was zu tun ist: eine Tonne oder ein Fass bleibt liegen oder wird geborgen. Eine Übungsmine wird geborgen, eine Mine aus dem 2. Weltkrieg wird von den Minentauchern gesprengt.

Parallel dazu wird häufig „Fliegeralarm" ausgelöst und die Besatzung muß dann auch diese Bedrohung bekämpfen.

Hohe Schule ist schließlich die ABC-Abwehr. Hier wird das Boot zu einer Zitadelle, in der ein Überdruck herrscht. Alle Schotten (das sind die Türen an Bord!) werden geschlossen, und die Besatzung bleibt in dieser Zitadelle, führt ihren Auftrag aus dem Schiff heraus durch. Am Ende kann das gesamte Schiff mit Wasserdruck automatisch abgesprüht werden, und zwei Mann verlassen anschließend in einem Schutzanzug die Zitadelle durch eine ABC-Schleuse, um an Oberdeck zu prüfen, ob es eine Verstrahlung gegeben hat. Ist diese nicht gegeben oder zu vernachlässigen, wird der ABC-Verschlusszustand wieder aufgehoben und die Fahrt / der Einsatz geht wie geplant fort.

Kombiniert werden Minenjagdeinsatz, Flugabwehr und ABC-Abwehr natürlich immer wieder mit den anderen Ausbildungselementen, die bereits seit der Seeklarbesichtigung beherrscht werden. So steht am Ende die Gefechtsbesichtigung an, bei der Geschwader-kommandeur Hermann True mit seinem Geschwaderstab mich und meine Besatzung in See über einen ganzen Tag lang auf Herz und Nieren prüft. Wir bestehen diese Prüfung und sind nun ein zusammengeschweißtes Team. Ich und meine 43 Mann Besatzung sind einsatzfähig!

Damit gehöre ich ab sofort zu den vielen deutschen Minenabwehreinheiten, die der NATO assigniert sind. Das ist eine unglaublich große Anzahl an Booten, 58 aus den 6

Geschwadern und der Minentaucherkompanie der Flottille der Minenstreitkräfte, nämlich

- 10 Schnelle Minensuchboote (SM-Boote) der Schütze-Klasse im 1. Minensuchgeschwader in Flensburg
- 10 Schnelle Minensuchboote (SM-Boote) der Schütze-Klasse im 3. Minensuchgeschwader in Kiel
- 7 Küstenminensuchboote (KM-Boote) der Lindau Klasse und 2 Minenjagdboote („Fulda" und ich) im 4. Minensuchgeschwader in Wilhelmshaven
- 10 Schnelle Minensuchboote (SM-Boote) der Schütze-Klasse im 5. Minensuchgeschwader in Olpenitz
- 9 Küstenminensuchboote (KM-Boote) der Lindau Klasse im 6. Minensuchgeschwader in Wilhelmshaven
- 10 Binnenminensuchboote (BM-Boote) der Frauenlob-Klasse im 7. Minensuchgeschwader in Neustadt/Holstein sowie
- die Minentaucherkompanie mit ihren beiden Minentaucherbooten „Hansa" und „Aldebaran" in Eckernförde.

Dazu kommen noch 2 Minentransporter und 3 Tender. Das ist aktuell die stärkste Minenabwehr-komponente der NATO. Selbst die Briten mit ihrer imperialen „Royal Navy" kommen da mit ihren 47 Booten der TON-Klasse nicht mit. Und unsere Nachbarn im Westen, die Niederländer, haben auch nur 4 Hochseeminensuchboote der Aggressive-Klasse und 16 Küstenminensuchboote der „Dokkum-Klasse" in Dienst.

Nun, nachdem ich mich selbst, meine Besatzung und meine ersten Schritte zur Selbständigkeit vorgestellt habe, möchte ich über einige Erlebnisse, einige Episoden aus dem Leben der Besatzung auf dem Minenjagdboot „Flensburg" der Jahre 1972 bis 1974 berichten.

25. Oktober 1972 - Typkommandeur an Bord

Am 1. Oktober hatte Kapitän zur See Hans-Harro Stüben das Kommando über die „Flottille der Minenstreitkräfte" mit ihren 3.500 Marinesoldaten und ihren mehr als 60 Booten übernommen. Und schon bald will sich der „Typkommandeur", wie er überall genannt wird, über das modernste Minenabwehrsystem der deutschen Marine persönlich informieren, über mich, das Minenjagdboot „Flensburg". Früh morgens ist er an Bord gekommen und wir haben die Scharnhorstbrücke in unserem Heimathafen Wilhelmshaven verlassen. Auf der Jade geht es nordwärts auf dem langen Kurs 344° und durch das Wangerooger Fahrwasser in das Seegebiet vor Helgoland. Vor Helgoland wird vom „Alten" der „Kriegsmarschzustand" ausgerufen und die Besatzung wechselt unverzüglich in die Minenjagdrolle. Der Typkommandeur steht in der Operationszentrale hinter dem Plottisch und beobachtet konzentriert die beiden Sonarbildschirme und den Radarbildschirm wie auch die Aufzeichnungen auf dem Plottisch, die der Boots-waffenoffizier durchführt.

Als der erste Sonar-Operator „possible mine" ausruft, wird auch unser Flottillenchef unruhig: es ist das erste Mal für ihn, dass er einen möglichen Minenkontakt vom Sonargerät erfasst sieht und er wird sofort heiß darauf, festzustellen, ob es eine Mine ist und, wenn ja, was mit ihr geschehen soll. Bisher kannte er nur das herkömmliche

Minensuchen mit den schweren Schleppgeräten. Der Einsatz nimmt seinen planmäßigen Verlauf, der Kontakt wird als Mine klassifiziert und die Minentaucher verifizieren eine Übungsmine vom Typ MK 25. Nachdem die Grundmine markiert worden ist, wird sie unter den Augen des Typkommandeurs mit dem bordeigenen Kran zügig und professionell geborgen und an Bord geholt.

Unser Typkommandeur ist von meinen neuen Möglichkeiten und den Fähigkeiten der Besatzung in hohem Maße beeindruckt. Rückmarsch nach Wilhelmshaven und beim Einlaufen am Abend gibt es ein Einlaufbier.

16. bis 20. November 1972 - Besuch in der Patenstadt
Durch den 98 km langen Nord-Ostsee-Kanal haben wir von der Nordsee in die Ostsee verlegt. Die Kanalfahrt von Brunsbüttel nach Kiel-Holtenau dauert in der Regel knapp 7 Stunden. Von Holtenau sind wir in den neuen Marinestützpunkt Olpenitz an der Schlei gekommen und haben dort die Nacht gelegen.

An diesem Freitagvormittag kommt eine Delegation aus der Patenstadt, der Stadt Flensburg, mit ihrem Stadtpräsidenten Artur Thomsen und ihrem Oberbürgermeister Heinz Adler an der Spitze sowie einer Anzahl von Ratsherren an Bord. Die Marinekameradschaft der Stadt Flensburg mit ihrem Vorsitzenden Rudolf Radtke ist ebenfalls zahlreich vertreten. Bei kühlem, aber sonnigem Wetter werden den Gästen verschiedene Übungen vorgeführt und schließlich laufen wir in die Flensburger Förde ein. Eine wunderschöne Landschaft begleitet uns - an Backbord Deutschland und an Steuerbord Dänemark. Wir passieren die dänischen Ochseninseln, die deutsche Marineschule Mürwik und den Marinestützpunkt in Flensburg. Weiter geht es bis zum Ende der Flensburger Förde in den Hafen in der Innenstadt. Der „Alte" fährt das Anlegemanöver und auf der Pier „Am Kompagnietor" stehen viele Flensburger Bürger und schauen mit Interesse zu. Als der „Alte" das Boot so festmachen will, erhält er von dem Stadtpräsidenten immer wieder einen Hinweis noch weiter nach vorne zu fahren. Als Artur Thomson schließlich mit dem Liegeplatz zufrieden ist, meint er, dass der „Posten vor dem Schiff" nun genau gegenüber des „Oluf-Samsung-Ganges", dem Rotlicht-distrikt Flensburg auf Wache stehen könne.

Um 18:00 Uhr gibt es an Bord einen Empfang für eine größere Zahl geladener Gäste. Die Planungen sind frühzeitig erfolgt und die Vorbereitungen abgeschlossen, als der Sonarmeister feststellt, dass wir keine Eiswürfel für die Longdrinks haben. Das ist natürlich ein Problem! Und wer hätte es nicht besser lösen können, als der Tauchermeister Walter. Er besucht sofort das bekannte Lokal „Onkel Jule" im Rotlichtdistrikt gegenüber und erhält dort selbstverständlich die erbetenen Eiswürfel in ausreichender Menge, sodass Oberbürgermeister, Stadtpräsident und die anderen Gäste ihre Longdrinks auch mit Eis gekühlt erhalten können.

Am nächsten Tag gibt es ein großes Programm der Stadt Flensburg für die gesamte Besatzung. Eine umfassende Stadtführung und ein bunter Abend im „Deutschen Haus" sollen hier ebenso genannt werden wie der Besuch im Heim der Marinekameradschaft „Flensburg". Die Crew des Minenjagdbootes übernimmt die Patenschaft für das städtische Kinderheim am Marienhölzungsweg. Nach einer Besichtigung des Heimes sind 25 Jungen und Mädchen an

Bord eingeladen und fühlen sich bei Kakao und Kuchen sehr wohl.

Einen Tag später ist „Open Ship": die Bevölkerung ist eingeladen, das Minenjagdboot zu besichtigen. Dabei werden auch die Minentaucher vorgestellt, die u.a. aus einem Hubschrauber aufwinschen lassen und sodann in die Förde springen.

Eine große Überraschung ist der Stadt gelungen, als kurz vor dem Auslaufen am Montag ein LKW der Flensburger Brauerei eine größere Ladung mit „Flasch Flens" ablädt, die wir mitnehmen sollen. Parallel dazu schenkt die Firma Hermann G. Dethlefsen der Besatzung eine größere Anzahl an Kartons mit Spirituosen wie Balle-Rum oder Dokator-Kräuterlikör. Diese Geschenke von der Flensburger Brauerei und dem Rum-Haus Dethlefsen sollen sich immer wiederholen, sobald die „Flensburg" den Marinestützpunkt oder den zivilen Hafen der Patenstadt anlaufen wird. Der Hafenkapitän informiert die Stadt immer rechtzeitig und so kann es regelmäßig zu den Lieferungen der beiden Sponsoren kommen - sehr zur Freude der Besatzung!

Nachdem die Geschenke übernommen worden sind, können Boot und Besatzung auslaufen, um zur Gefechts-ausbildung in die mittlere Ostsee zu verlegen.

3. Dezember 1972 - Wachbootskaffee

Vigilia pretium libertatis (deutsch: "Wachsamkeit ist der Preis der Freiheit") - so lautet der Leitspruch der NATO. Und so nimmt es nicht Wunder, dass WACHE in diesen Jahren, in den Jahren des Kalten Krieges, groß geschrieben wird.

Wenn das Geschwader im Hafen liegt, wird ein Boot als Wachboot benannt, das jederzeit auslaufbereit sein muss und bei dem die gesamte Besatzung an Bord bleibt. Das gilt werktags vom Dienstzeitende bis zum Dienstbeginn am nächsten Vormittag sowie an den Wochenenden und Feiertagen. Die Besatzung des Wachbootes ist für die Sicherheit aller Boote des Geschwaders verantwortlich. Auf der Pier kontrollieren permanent ein Wachoffizier, ein Maat der Wache und zwei Soldaten den Zugang zu den Booten sowie die Boote selbst, also die Landseite und die Seeseite der Boote, die Leinenführung der Festmacher und den Brandschutz an Bord.

An diesem Wochenende, vom 1. bis 3. Dezember sind wir Wachboot an der Scharnhorstbrücke mit den 9 Booten des 4. Minensuchgeschwaders.

Am Sonntagnachmittag kommt die Ehefrau des „Alten" mit ihren beiden Kindern an Bord. Die Tochter Anke ist 5, der Sohn Holger 4 Jahre alt. Sie hat Kuchen mitgebracht und in der O-Messe (so wird die Offiziermesse genannt) gibt es den bekannten „Wachbootskaffee". Seinen vierjährigen Sohn hat der „Alte" in seine Kammer an den Schreibtisch gesetzt und ihm Papierbögen und Buntstifte zum malen gegeben.

Nach einiger Zeit kommt der Minentaucher und Hauptgefreite Ralf Kuhn in die Kommandantenkammer um „aufzuklaren", also den Papierkorb zu leeren, das Waschbecken zu säubern und so weiter. Als er den Jungen am Schreibtisch auf den Papierbögen malen sieht, meint er „Du musst nicht auf dem Papier malen, Du solltest besser hier die Tür bemalen. Dann muss Dein Vater die Tür wieder sauber machen!" Der 4-jährige Holger stutzt kurz und antwortet sofort: „nee, der  macht das nicht weg. Der sagt Dir das und dann musst Du das weg machen"! Reaktion des Hauptgefreiten Kuhn „Ganz der Alte, ganz der Alte".

Diese kleine Geschichte macht unverzüglich die Runde bei der Besatzung und führt zu großem Gelächter.

24. Dezember 1972 - Weihnacht an Bord

Am Jahresende gibt es regelmäßig die sog. „Dienstbefreiung". Das sind 6 Tage Urlaub über Weihnachten für die eine Hälfte der Besatzung und 6 Tage Urlaub über Neujahr für die andere Hälfte der Besatzung. In diesen Tagen werden die Besatzungen immer sehr stark ausgedünnt und so bleiben am Heiligen Abend zumeist nur 6-8 Soldaten auf jedem Boot.

Heute kommt der „Alte" mit seiner Frau und seinen beiden Kindern am späten Nachmittag an Bord. In der O-Messe ist für die kleine Gruppe der „Hinterbliebenen" und den „Alten" mit seiner Frau und seinen beiden kleinen Kindern festlich gedeckt.

Unser Smut, der Obermaat Gerold Schulte, hat ein Spitzenessen gezaubert, und mit ihm sitzt die Gruppe an dem Mahagonitisch der O-Messe, speist und trinkt in angemessener und angenehmer Atmosphäre.

Als ersten Gang gibt es eine Französische Zwiebelsuppe. Das Hauptgericht ist eine Putenkeule mit Rotkohlsalat, weißem Spargel, Karotten und feinen Erbsen sowie Pariser Kartoffeln, dazu eine leckere Sauce. Bei der Nachspeise verwöhnt der Smut mit einem üppigen Eisbecher mit Früchten. Schließlich folgt eine Käseplatte - frei nach dem Motto „Der Käse schließt den Magen"

Den Abend beschließt ein „Julklapp": Ein jeder hat sich ein kleines Geschenk ausgedacht und alle Geschenke sind bereits in einen Korb gelegt worden, aus dem ein jeder ein Geschenk ziehen darf. Für die beiden Kinder hat die Flensburg-Crew Verkehrszeichen in kleinerem Format ausgesucht. Damit können die Kinder mit ihrem Fahrrad richtiges Verhalten im Straßenverkehr üben.

Bei diesem schönen traditionellen Brauch gibt es abschließend - natürlich - Kaffee und Cognac.

5. Februar 1973 - Orkan auf der Jade
An diesem Montag soll das 4. Minensuchgeschwader mit 7 Minensuchbooten und dem Minenjagdboot „Flensburg" auslaufen und in die Ostsee verlegen.

Seezielschießen und Luftzielschießen in der Ostsee stehen auf dem Programm und zudem die übliche AFOST (Ausbildungsfahrt Ostsee), bei der die Bundesmarine dokumentieren will, dass die Ostsee ein internationales Gewässer und kein „Rotes Binnenmeer" ist, das vom Warschauer Pakt beherrscht wird. Doch die Vorzeichen sehen nicht gut aus: es ist Sturm angesagt, Orkan sogar. Alle 8 Boote „machen seeklar", wie das heißt, und um 09:45 melden die 8 Kommandanten dem Geschwaderkommandeur, dem Fregattenkapitän Hermann True, ihr Boot „seeklar".

Auslaufen ist für 10:00 Uhr angesetzt. Wegen der extrem hohen Wind-geschwindigkeiten, die aktuell zwischen 60 und 70 Knoten (111 bis 130 km/h) liegen, verschiebt der Kommandeur das Auslaufen um eine Stunde. Keiner der 8 Kommandanten glaubt, dass sie bei diesem Wetter heute noch zur See fahren werden.

Doch es kommt anders. Pünktlich um 11:00 Uhr gibt der Kommandeur das Signal zum Auslaufen. Langsam verlassen die Boote die Pier und den Marinestützpunkt. Die See ist außergewöhnlich aufgewühlt, selbst hier im inneren Bereich der Jade. Die Ölpier ist mit bloßem Auge kaum zu sehen. Mit einer Geschwindigkeit von lediglich sechs Knoten und einem verdoppelten Abstand zwischen den Booten auf 600m geht es in Richtung Wangerooger Fahrwasser. Das Land an Backbordseite ist optisch nicht auszumachen, der Sturm und die aufgepeitschte Gischt zeigen ein Bild, das an die russische Schneesteppe im Film „Doktor Schiwago" erinnert. Langsam erreichen die 8 Boote Schillig Reede; der Orkan aus Nordwest nimmt nicht ab, er nimmt eher noch zu. Nun endlich entscheidet sich Hermann True, die Fahrt in die Ostsee abzubrechen und in den Heimathafen zurückzulaufen.

Die 8 Boote kehren um und kämpfen sich langsam durch die aufgewühlte See in Richtung Wilhelmshaven vor. Von der Signalstelle des Hafenkapitäns kommt die Weisung, dass das Geschwader in der Ostkammer der Schleuse festmachen soll, da der bisherige Liegeplatz Scharnhorstbrücke inzwischen belegt sei.

Sehr langsam laufen die Boote in die Schleusenkammer ein und sehen dabei an Steuerbordseite, dass das Schulschiff „Deutschland" an der Scharnhorst-brücke liegt. Die „Deutschland" hatte beim Auslaufen des 4. Minensuchgeschwaders noch parallel zur Scharnhorst-brücke an der Festpier gelegen, als der Orkan alle Festmacherleinen dieses größten Schiffes der Deutschen Marine (138 m Länge und 5.680 ts Einsatzverdrängung) brach, eine nach der anderen, wie bei einem Reißverschluss.

Das 4. Minensuchgeschwader und mit ihr die „Flensburg" hat also unglaublich viel Glück gehabt. Man muss den Geschwaderkommandeur zu seiner Entscheid-ung, auszulaufen, beglückwünschen. Er muss offenbar einen siebten Sinn gehabt haben oder ein glückliches Händchen. Die „Deutschland" hätte die 8 Boote der aus Holz gebauten Lindau-Klasse zerdrückt. Es hätte sicher-lich Tote und Verletzte gegeben. Und die Deutsche Marine wäre um einige wichtige, sehr schöne Einheiten aus Maha-goni kleiner geworden.

5. März 1973 - Zur Garantiewerftliegezeit nach Bremen

Die „Flensburg" verlegt heute nach Bremen. In der Deutschen Bucht bläst es wieder einmal und wie so oft aus Nordwest. Schon auf dem langen Kurs 344° vom Leuchtturm in Voslapp knirscht es in meinem Gebälk, also in den Spanten. Das Boot macht auf dem kurzen Weg vom Wangerooger Fahrwasser bis in die Weser immer wieder viel Wasser. Doch mit Passieren des Leuchtturms „Alte Weser" wird es zunehmend ruhiger.

Nun zum Anlass der Fahrt nach Bremen. Bei dem Bau von Kriegsschiffen für die Marine gibt es in unserem Lande unterschiedliche Zuständigkeiten und festgelegte Verfahren. Gleiches gilt für Schiffe, die zum Umbau außer Dienst gestellt werden.

Nach Abschluss des Baus oder Umbaus prüft ein Team von Fachleuten des Bundesamtes für Wehrtechnik und Beschaffung (BWB) in Koblenz unter der Leitung eines Projektbeauftragten (ProB), ob die Werft den Auftrag genau so, wie er einmal geschlossen wurde, auch erfüllt hat. Ist dieses der Fall, so erfolgt die „Abnahme" des Schiffes von der Werft durch das BWB. Damit das BWB aber nicht auf dem

Schiff „sitzen bleibt", hat sich der ProB natürlich vorher vergewissert, dass die Bundesmarine das Schiff vom BWB auch übernehmen wird. Auf Abnahme von der Werft durch das BWB erfolgt die „Übernahme" vom BWB durch die Bundesmarine.

Dieser Vorgang hatte sich im September 1972 so abgespielt. Nun, sechs Monate später steht die vertraglich festgelegte Garantie-Werftliegezeit (GWLZ) an. Hierzu muss die „Flensburg" in die Bauwerft, zur Burmester-Werft in Bremen-Lesum verlegen. Da das Werftgelände an der Lesum nur bei Hochwasser erreicht werden kann, hat die „Flensburg" bereits am Vortage an die Mündung der Lesum verlegt und bei der dortigen Lürssen-Werft festgemacht. Am nächsten Vormittag soll mit dem ersten Hochwasser die Lesum flussaufwärts bis zum Werftgelände der Burmester-Werft gefahren werden.

Als Liegeplatz wird der „Flensburg" von der Lürssen-Werft eine Pier an der Weser zugewiesen, direkt hinter einer Megayacht. Während sich die Burmester-Werft auf den Bau von Minensuchbooten spezialisiert hat, ist die Lürssen-Werft für den Bau von exzellenten Schnellbooten bekannt.

Nach dem Abendessen gehen der „Alte" zusammen mit Tauchermeister, E-Meister und Mot-Meister durch das Werftgelände und die vier bleiben vor der Megayacht stehen. Diese trägt den Namen „Carinthia IV" und gehört dem Kaufhaus-Inhaber Horten. Der Versuch, die „Carinthia IV" zu besichtigen scheitert an den Wachmännern vor dem Schiff: „Betreten verboten" heißt es. So bummeln die vier Soldaten der „Flensburg" weiter durch das Werftgelände und kommen schließlich an ein Hafen-becken, in dem vier Schnellboote der Klasse 143 in unterschiedlichem Bauzustand liegen. Diese modernsten Schnellboote der Bundesmarine, die mit Flugkörpern vom Typ EXOCET ausgestattet werden sollen, treffen natürlich das Interesse dieser vier Soldaten. Ohne Probleme können sie an Bord der 4 Boote gelangen und sich die Neubauten anschauen. In der Operationszentrale, im Funkraum und auf der Brücke sind schon viele neue elektronische Geräte eingebaut worden. Aber auch eine Anzahl von Bauplänen kann man einsehen, fotografieren oder gar mitnehmen.

Erstaunlich! Eine private Yacht wird streng bewacht, aber die modernsten Flugkörper-Schnellboote der Bundesmarine kann man problemlos betreten und zudem vertrauliche Unterlagen einsehen oder mitnehmen. „Wachsamkeit ist der Preis der Freiheit" lautet doch der Leitspruch der NATO. Und so katalogisieren die vier Marinesoldaten der „Flensburg" die an Bord befindlichen elektronischen Geräte und konfiszieren die Schiffbaupläne. Das alles nehmen sie mit an Bord der „Flensburg" und der „Alte" übergibt alles anschließend dem Sicherheitsoffizier der Flottille der Minenstreitkräfte in Wilhelmshaven.

Einige Tage später belobigt Kapitän zur See Hans Harro Stüben die vier ausdrücklich für Ihre Wachsamkeit.

Doch das ist nicht das Ende der Geschichte. Die Unterlagen gelangen auf dem Dienstweg nach Bonn in das Bundesverteidigungsministerium und lösen dort großes Erstaunen aus. Die Lürssen-Werft hat natürlich die Überwachung der Flugkörper-Schnellboote sicherstellen müssen und dafür Geld in Rechnung gestellt und auch erhalten. So gibt es eine Untersuchung und die Lürssen-Werft muss peinliche Fragen beantworten. Einer der beiden Inhaber der Werft, Friedrich Lürßen, ist sehr gut befreundet mit dem Befehlshaber der Flotte, Vizeadmiral Hans-Helmut Klose, und beschwert sich bei dem Admiral über den Missbrauch der Gastfreundschaft durch den Kommandanten der „Flensburg" auf seinem Werftgelände und verhängt ein Hausverbot für den Kommandanten!

20. März 1973 - Fachliche Weiterbildung in der Werft
Während der Garantie-Werftliegezeit in Bremen-Lesum liegt das Boot in dem kleinen Fluss Lesum kurz vor der Brücke der Bremer Heerstraße. Weiter geht es nicht für

Schiffe dieser Größe - die Brücke versperrt den Weg, um z.B. direkt vor dem Werftgelände jenseits der Brücke festmachen zu können. So liegt die „Flensburg" an einer kleinen Pier „im Grünen". Die großen Holzhallen mit den Werkstätten der Werft liegen auf der anderen Straßenseite.

Die Burmester-Werft bietet der Besatzung während der Werftliegezeit Material sowie die Nutzung von Maschinen an - auch, um sich fachlich weiterzubilden. So werden u.a. Andenken mit dem Bremer Schlüssel gefertigt. Der Schlüssel ist aus Aluminium und 5 mm dick. Der Rohling ist ca. 110 x 60 mm groß. Der Sockel ist aus Holz aus drei Leisten geleimt, dunkel-hell-dunkel, sein Durchmesser beträgt 64mm, seine Höhe 23mm. Im Sockel befindet sich eine Messinghülse mit Gewinde und dort ist der Schlüssel eingeschraubt

Vornehmlich die Unteroffiziere der 2. Division nutzen solche Angebote der Werft und so fertigen Helmut Bredfeldt, unser Motorenmaat, mit seinen Männern kleine und schöne Andenken dieser Art an, von denen selbst im Jahre 2022 noch einer existiert - wie das Bild zeigt.

28. April bis 11. Mai 1973 - Manöver NORMINEX
In den nordeuropäischen Gewässern führen die Marinen der NATO-Länder jährlich zwei große Minenabwehrmanöver durch. Das größte dieser Art läuft unter der Bezeichnung „Blue Harrier" und wird abwechselnd vom deutschen Flottenkommando in Glücksburg, vom dänischen Flottenkommando in Aarhus sowie vom Befehlshaber der Seestreitkräfte Nordsee in Sengwarden bei Wilhelmshaven geführt. Das zweitgrößte Manöver dieser Art läuft unter dem Namen „Norminex". Unter französischer Führung in

Cherbourg ist das Seegebiet zwischen Brest und Dünkirchen in dieser Zeit das Operationsgebiet der Minenstreitkräfte.

Unter dem Kommando von Fregattenkapitän Hermann True nimmt aus Deutschland das 4. Minensuchgeschwader mit 5 Minensuchbooten und dem Minenjagdboot „Flensburg" an „NORMINEX-73" teil. Die Verfahren der Minensuchboote mit ihren nachgeschleppten mechanischen, akustischen und magnetischen Räumgeräten erfordern, dass mehrere Minensuchboote zu einer Einheit, einer „Task Unit" (TU), und unter einem Führer (Commander Task Unit, CTU) zusammengefasst werden und gemeinsam operieren. Bei den Minenjagdbooten ist das völlig anders. Ihr effektiveres System erfordert, dass ein jedes Minenjagdboot einzeln in einem definierten Seegebiet operiert. Der Kommandant des einzelnen Minenjagdbootes ist der CTU. Vor dem Hintergrund dieser Grundsätze erwartet der „Alte", dass er in NORMINEX-73 selbstverständlich als CTU einer „Task Unit" eingesetzt wird, die aus dem Minenjagdboot „Flensburg" besteht und dass die fünf Minensuchboote eine andere „Task Unit" bilden.

Mit Überraschung müssen die Offiziere der „Flensburg" jedoch feststellen, dass im Operationsbefehl der Franzosen die „Flensburg" als Minensuchboot und Teil der größeren TU geführt wird. Offenbar möchte der deutsche Geschwaderkommandeur die „Flensburg" nicht allein, weit abgesetzt von ihm, in französischen Gewässern operieren lassen. Der „Alte" will das ändern. Bei dem Empfang am Vorabend des Manövers spricht er den Exercise Commander, einen französischen Kapitän zur See, auf dieses Problem in französischer Sprache persönlich an. Der französische Offizier ist überrascht, hatten die Deutschen das Minenjagdboot doch als Minensuchboot angemeldet. Er verspricht eine Änderung der „Task Organisation".

Und so kommt es: Bei der Manövervorbesprechung am nächsten Tage wird die „Flensburg" aus der Deutschen „Task Unit" herausgenommen und bildet eine eigene „Task Unit". Ihr Einsatzgebiet wird das Seegebiet vor Fécamp, während die 5 deutschen Minensuchboote unter der Führung von Hermann True vor Cherbourg operieren.

14. bis 17. Mai 1973 - Besuch in Liverpool
Liverpool - die Stadt der Beatles, die Stadt der Pop-Musik der siebziger Jahre - und das 4. Minensuch-geschwader fährt in diese Stadt, besucht diese Stadt!

Nach der PXD (Past Exercise Discussion) von NORMINEX-73 laufen die Boote aus Cherbourg aus und das 4. Minensuchgeschwader steuert Kurs West, Richtung Kanalausgang. Hier stoßen die „Paderborn" und die „Weilheim" zu den 6 Booten des Geschwaders, sie hatten nicht am Manöver teilgenommen. „Lands End", die Südwestspitze von Cornwall, wird umrundet, um sodann auf Nordkurs zu gehen, in die Irische See. Wales bleibt an Steuerbord, die irische Küste an Backbord. Nach der Umrundung der Insel Anglesey kommt langsam die Mündung des River Mersey in Sicht.

Liverpool war vom 18. bis zum frühen 20. Jahrhundert ein wichtiger Handels- und Schifffahrtshafen, von dem aus viele Auswanderer aufbrachen. Als Heimat der Beatles ist die Stadt - wie bereits erwähnt - berühmt. Im Hafenviertel Pier

Head, wo die sehenswerten Gebäude „Royal Liver Building", "Cunard Building" und "Port of Liverpool Building" stehen, verkehren viele Fähren. Nach Übernahme der Lotsen schieben sich die nunmehr 8 Boote des 4. Minensuchgeschwaders den River Mersey hoch bis zu den Docks und machen in einer Schleuse fest. Nach Verlassen der Schleuse geht es zügig zum Liegeplatz unweit der Innenstadt.

Die etwa 500 jungen deutschen Marinesoldaten stürmen die Musikgeschäfte, die englischen Pubs und die Kneipen, in denen Pop-Musik gespielt wird. Und natürlich suchen auch viele Matrosen das Stadion des berühmten FC Liverpool an der Anfield Road auf.

Der Hit, der allesamt fasziniert, ist "Tie a Yellow Ribbon Round the Old Oak Tree". Das Lied wurde von Tony Orlando und der Gruppe „Dawn" aufgenommen und ist 1973 ein weltweit aktueller Hit. Die Single erreicht die Top 10 in zehn Ländern, in acht davon steht sie an der Spitze der Charts. Im April 1973 steht sie vier Wochen lang auf Platz eins der US- und der UK-Charts. Sowohl in den USA als auch im Vereinigten Königreich ist es die meistverkaufte Single des Jahres 1973.

Die „Flensburg-Crew" trägt dazu bei, denn viele von ihnen kaufen und spielen diese Single an Bord. Höhepunkt und Abschluss ist die Ausfahrt durch die Schleuse, als "Tie a Yellow Ribbon Round the Old Oak Tree" beim Auslaufen abgespielt wird und über die Oberdecks-lautsprecher weit über die Schleusenkammer hinaus zu hören ist.

Hätte der Kommandant die Frage gestellt, ob man umkehren und die Liverpool-Tage verlängern solle, so wäre ihm sicherlich ein Begeisterungsjubel entgegengeströmt.

19. Mai 1973 - Das Kommandantenglas

Zwei feste Regeln gibt es an Bord, zwei Regeln, die sich zuweilen widersprechen können - heute tun Sie das.

Zum „Seeklarmachen" gehört es, dass das Navigationspersonal die Ferngläser putzt und auf der offenen Brücke auslegt. Es gibt je ein Glas für die Ausgucks, für die Navigation, für die Wachoffiziere und für den Kommandanten. Die Gläser sind genau beschriftet: „Nav", „Ausguck" „WO", „Kmdt" etc. Während die meisten Gläser beim Wachwechsel ihren Benutzer wechseln, bleibt das Kommandantenglas für den Kommandanten reserviert, denn das Glas ist auf die Sehstärke des Kommandanten eingestellt worden. Dieses soll und muss auch so bleiben, damit er in kritischen Situationen die Lage unverzüglich und sicher sehen und beurteilen kann.

Um dieser Regel Nachdruck zu verleihen, muss jemand, der aus Versehen das Kommandantenglas benutzt, der laufenden Brückenwache eine Flasche Sekt ausgeben.

Eine andere eiserne Regel an Bord besagt aber auch, dass kein Alkohol an Bord getrunken wird, solange sich die Wellen und die Schrauben drehen. Diese Regel gilt zumindest auf den Booten der Bundesmarine. Auf den größeren Schiffen mag das etwas liberaler gehandhabt werden.

Nun gibt es an Bord der „Flensburg" insgesamt 8 Minentaucher, die allesamt eine monatliche Minentaucherzulage erhalten, und die ihnen zuweilen etwas mehr Spielraum finanzieller Art gibt. So verwundert es nicht, dass bei der gelösten Stimmung nach dem Auslaufen aus Liverpool auf der Brücke von einem Minentaucher zum andern geflüstert wird: "Hast du Lust auf ein Glas Sekt?" Und als dieser die Frage bejaht, schaut der erste Minentaucher schnell durch das Kommandantenglas mit dem Ergebnis, dass er nun - leider - eine Flasche Sekt aus der Zolllast ausgeben muss.

Das Gelächter ist ebenso groß wie die Freude der fahrenden Wache.

20. bis 24. Mai 1973 - Training an der NATO-Minenschule in Ostende

Dem Besuch in Liverpool folgen 3 Tage mit vielen Geschwaderübungen in der Irischen See sowie die Fahrt durch den Ärmelkanal mit Zielrichtung Ostende. Im Holzhafen dieser belgischen Hafenstadt machen die 8 Boote am Sonntag fest, um an den ersten vier Tagen der neuen Woche in dem *Minewarfare Tactical Trainer* der belgisch-niederländischen Minenschule ein intensives Team-Training zu absolvieren. Alle Offiziere, Unteroffiziere und Mannschaften, die im Bereich der OPZ und des Fernmeldebereiches an Bord eingesetzt sind, werden hier gemeinsam geschult. Parallel dazu findet die Hafenausbildung für jene Soldaten statt, die an Bord geblieben sind.

Im Auslandshafen wird natürlich immer gern gefeiert. Hier können mit Genehmigung durch den Kommandanten auch zollfreie Waren aus der Kantine gekauft werden. Bei Spirituosen gilt dabei die Regel, dass der Kommandant nach Prüfung sog. „Sofortbedarf" genehmigen kann. Hinter dem Begriff „Sofortbedarf" verstecken sich Spirituosen in Ein-Liter-Flaschen, die von einer Gruppe der Besatzung beantragt, gekauft und am gleichen Abend - also „sofort" - getrunken werden müssen. Dieses wird von den einzelnen Decksgemeinschaften, wie Unteroffizier-Deck, Taucher-Deck oder Heizer-Deck gern wahrgenommen und vom Kommandanten genehmigt. In Ostende werden diese Gelegenheiten zahlreich genutzt.

Doch auch der Landgang ist bei den Besatzungen beliebt. Die Offiziere und PUO der „Flensburg" sind gemeinsam an Land gegangen und haben einen Zug durch verschiedene Lokale beendet, als sie in fröhlicher Stimmung kurz nach Mitternacht wieder im Ostender Holzhafen ankommen. Sie kommen an den großen Lagerstätten für Holzstämme vorbei, als plötzlich die Idee aufkommt, einen der Baumstämme mitzunehmen. Der Kommandant hatte ja gerade erst ein Haus gebaut und in dem war auch ein offener Kamin eingebaut worden! Die sechs Männer nehmen nun einen schweren Baumstamm hoch und tragen ihn bis zur „Flensburg". Als sie hier feststellen müssen, dass der Baumstamm zu lang ist, um in der Kammer des Kommandanten verstaut zu werden, beschließt man, ihn auf der Pier vor dem Boot liegen zu lassen.

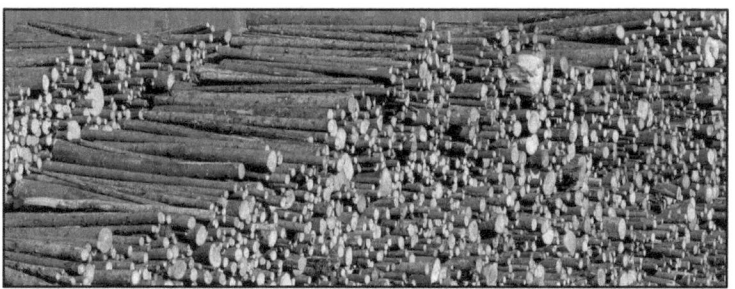

Am nächsten Morgen meldet der Tauchermeister dem Kommandanten, dass der Baumstamm kamingerecht zugesägt worden sei und die einzelnen Holzstücke im Schiff verstaut sind!

Zum Glück ist diese Aktion den örtlichen Dienststellen im Hafen unbekannt geblieben. So gelangt der zerkleinerte Baumstamm an Bord eines deutschen Minenjagdbootes nach Wilhelmshaven in den Marinestützpunkt.

10. Juli 1973 - Großreinschiff im Banter See
Das größte Binnengewässer in Wilhelmshaven und umzu ist der Banter See. Er ist in der Regel 10 bis 13m tief, die tiefste Stelle misst 19m. Der See ist 2.600m lang und 600m breit, er wird als Badesee sowie zum Segeln, Surfen und Kanufahren genutzt. Am See befindet sich das Freibad Klein Wangerooge.

Zur Herkunft des Banter Sees: Beim Bau der Häfen in Wilhelmshaven in den Jahren ab 1854 waren u.a. der Westhafen und der Zwischenhafen entstanden. Bis Ende 1945 gehörte der heutige Banter See noch zum Kriegshafen von Wilhelmshaven. Der ehema-lige West- und Zwischenhafen, der heute den Banter See bildet, war über den Großen Hafen zugänglich. Insbesondere an der Nordseite des Sees gab es große Kai-, Bunker- und Ausrüstungsanlagen für Überwasserkriegs-schiffe und U-Boote. Nach dem Ende des Krieges wurden sämtliche Anlagen demontiert oder gesprengt. Später wurde der Grodendamm, der den heutigen Banter See vom Großen Hafen trennt, aufgeschüttet.

Der Banter See ist auch ein gutes Tauchrevier, zumal es keine Tauchbeschränkungen gibt. Er kann an allen zugänglichen Stellen betaucht werden. So verwundert es nicht, dass die 9 Minentaucher an Bord (Spieker, Freier, Schicks, Kientoff, de la Motte, Gorny, Emrich, Grewig und Kuhn) den Banter See zum Übungstauchen nutzen. Dabei entstand die Idee, den See in Etappen von alter Munition und von Unrat zu reinigen. Heute ist es nun das erste Mal, dass die Minentaucher der „Flensburg" zum Großreinschiff an den Banter See gekommen sind. Getaucht wird mit Pressluftgeräten, die bei den relativ geringen Wassertiefen völlig ausreichen und eine gute Tauchdauer ermöglichen (Minentaucher werden für Tauchereinsätze bis 54m ausgebildet).

Der Tauchermeister hat vorher alles mit zwei LKW an den Strand von Klein Wangerooge gebracht, sodass von hier aus getaucht werden kann.

Am Nachmittag liegt eine große Anzahl sehr unterschiedlichen Gerätes am Strand und wird zur Müllkippe abgefahren. Man sieht Fahrräder, Kinderwagen, Eisenträger, Schuhe, Metallgitter, Türen, Zäune und vieles mehr. Höhepunkt ist ein Torpedo aus dem 2. Weltkrieg. Dieser wird über zwei Drahtseile mit dem LKW an Land verbunden und so zieht der LKW den Torpedo in das seichte Wasser. Dort wird er mit einem Kran auf den LKW gehoben und in das Marinearsenal transportiert.

Ein erfolgreicher Einsatz, der noch sehr häufig von den Minentauchern der „Flensburg" und der „Fulda" wiederholt werden sollte.

Im Sommer 1973 - Bau von Kajaks
Eine sinnvolle Freizeitgestaltung ist für jedermann wichtig. Neigungen, Hobbies oder Sport geben zumeist den Anstoß für die Art der Freizeitgestaltung. Und so kommt es im Sommer 1973 auf der „Flensburg" zu der Idee, Kajaks zu bauen.

Helmut Kientoff ist einer der vier Minentauchermaaten an Bord. Er ist seit vielen Jahren begeisterter Paddler und übt den Kajaksport aus. In seinen jungen Jahren ist er verheiratet und wohnt mit seiner Ehefrau in Wilhelmshaven.

Im Kreise seiner Unteroffizierkameraden an Bord schlägt er den Bau von Kajaks vor: jeder baut sein eigenes Paddelboot. Er selbst hat Zugang zu einer fertigen Negativform und so ist der Entschluss, einige Boote selbst zu bauen, schnell gefasst. Die Herstellungskosten liegen nur bei einem Drittel eines gekauften Bootes - es muss lediglich das Kunstharz in großen Dosen gekauft werden.

Da die „Flensburg" als einziges Boot im Geschwader über zwei Bootslasten verfügt, erhalten Helmut Kientoff und seine Kameraden problemlos die Erlaubnis und können eine dieser beiden Bootslasten nutzen. Und so kann es zügig losgehen. Wie so oft ist die Begeisterung zunächst groß, doch bröckelt mit zunehmender Arbeit die Front der Teilnehmer.

Und so wird das Projekt „Kajakbau" von Helmut Kientoff mit seiner Frau allein beendet: sie bauen schließlich drei Boote, die Ende 1973 zu Wasser gelassen werden können und ihre Feuer- (Wasser-) taufe bestehen. Sie werden noch lange Zeit, auch nach dem Ende der Dienstzeit von Helmut Kientoff, von ihm und auch von seinen Vereinsfreunden in Münster gefahren.

15. August 1973 - Kameradschaft an Bord
Kameradschaft wird an Bord immer groß geschrieben. Das liegt auch daran, dass die „Flensburg-Crew" etwa 120 Tage im Jahr in See steht oder in fremden Häfen liegt und dabei auf engstem Raum zusammen lebt. Zudem schlafen auch im Heimathafen alle - bis auf die Ortsverheirateten - an Bord.

Heute ist ein warmer Sommertag und die „Flensburg" liegt als Außenboot im Päckchen an der Scharnhorst-brücke im Wilhelmshaven. Einige Unteroffiziere genießen den Feierabend bei einem Bier auf dem Achterdeck. So auch unser „AR", der Maat Andre Mainusch, groß gewachsen, stämmig und muskulös. Neben ihm steht der kleine, leichtgewichtige aber ausgesprochen zähe Minentauchermaat Albert de la

Motte. Die Stimmung ist gelöst, als Maat Mainusch den kleineren Maaten de La Motte auf seine beiden Arme nimmt und ihn achtern über das Schanzkleid hält, ihm dabei droht, ihn in das Wasser fallen zu lassen. Zwei Obermaate beobachten den Vorgang und meinen, dass es nur kameradschaftlich ist, wenn beide in das Wasser fallen. Sie ziehen dem „ARI" die Beine weg, mit dem Ergebnis, dass beide mit einer kompletten Rolle in das Hafenbecken fallen.

Rasch ist die Taucherleiter (eine Mittelholmleiter) ausgebracht und die beiden nassen Unteroffiziere kommen wieder an Bord.

Begleitet wird das alles von einem großen Gelächter der Besatzungen auf den beiden hinter der „Flensburg" liegenden Booten. Wie heißt es doch so schön: „Wer den Schaden hat, spottet jeder Beschreibung" - oder so ähnlich?

8. September 1973 Marinehochzeit
Kurz nach der Sommerpause gibt es ein besonderes Ereignis für die Flensburg-Crew: unser ARI-Maat will heiraten.

Maat Andre Mainusch heiratet Frauke Mönnich aus Heidmühle. Und Heidmühle liegt nur 16 km von der 4. Einfahrt entfernt. Somit ist für die Besatzung schnell klar: das wird eine Marinehochzeit. Zunächst wird unter der Leitung des Mot-Maaten, Rolf Tröster, und des Schmadding, Maat Horst Kunze, ein langer, zünftiger „Hochzeitstampen" angefertigt, der mit vielen Zierkonten versehen ist. Vom Marinestützpunkt werden 6 Riemen der Marinekutter ausgeliehen und so fährt die gesamte Besatzung rechtzeitig und mit allem Notwendigen ausgerüstet zur Dietrich-Bonhoeffer-Kirche in das nahe Heidmühle.

Nach der kirchlichen Feier, als Andre und Frauke Mainusch die Kirche verlassen wollen, steht die Flensburg-Crew Spalier und am Ende halten die beiden Minentauchermaaten Helmut Kientoff und Albert de la Motte den „Hochzeitstampen" hoch, der den Zugang zur Freiheit blockiert. Der Schmadding überreicht Andre Mainusch in guter Kameradschaft noch ein „scharfes" Messer, mit dem dieser den dicken Tampen durchtrennen muss. Das geht ganz gut bis, ja bis der junge Bräutigam auf die Seele des Tampen stößt, einen Stahldraht. Natürlich hat er - als gelernter Feinmechaniker - so etwas geahnt und holt - mit leichtem Schmunzeln - einen Seitenschneider aus seiner Anzugtasche und durchtrennt den Stahldraht. Unter großem Beifall kann das junge Paar nun in die Freiheit schreiten.

18. September 1973 - Übernahme von Granat

In diesen Jahren ist es noch üblich, dass die Marineschiffe von den Fischern in Nord- und Ostsee Fisch übernehmen können und diesen mit Naturalien begleichen. Gegen ganze Kisten mit Dorsch oder Schollen wandert ein Tampen oder eine Flasche Whisky oder ein Topf mit Farbe über die Reling an Bord des Fischers.

Die Besatzung freut sich immer über frischen Fisch und der Koch - wie der Proviantmeister - freuen sich außerdem über das eingesparte Essensgeld, das den andern Mahlzeiten dann zugute kommen kann.

Heute nun kommt ein Krabbenkutter aus Greetsiel in Sicht. Er bietet eine Kiste mit frische Granat an und schnell wird man handelseinig: ein „Pott Farv" und eine „Flasche Knuff" wechseln auf den Krabbenkutter, dafür kommen viele Kilogramm Granat auf das Minenjagdboot „Flensburg".

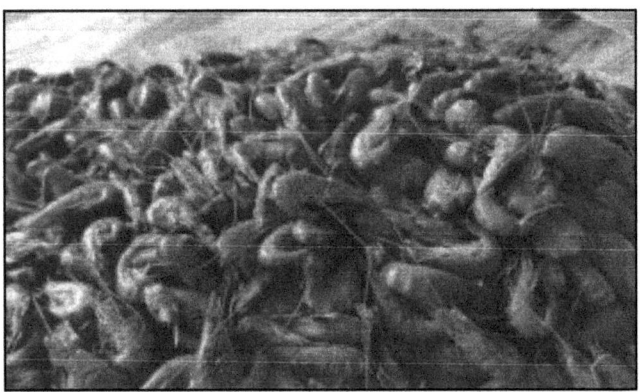

Etwa 25% der Besatzung ist mehr oder weniger geübt im „Krabbenpulen" und weist abends vor Anker die restlichen Kameraden ein. Zunächst sind alle glücklich und zufrieden. So frisch schmecken die Krabben am besten!

Doch am nächsten Morgen sieht die Welt völlig anders aus. Das ganze Schiff stinkt nach „Gammel". Überall waren am Abend Krabben gepult und der Rest weggeworfen worden: auf der Brücke, im Heizerdeck, im Taucherdeck, im Leitstand etc.

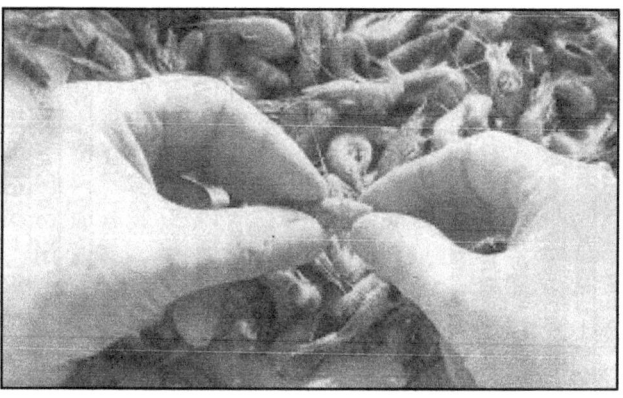

Überall riecht es nach Gammel, der auch nicht so schnell beseitigt werden kann. Ein „Allemannsmanöver", also eine Jagd auf die Reste der Krabben, bringt eine leichte Verbesserung, doch letztlich dauert es mehrere Tage bis das Schiff wieder geruchsneutral ist. Der "Alte" stellt jedenfalls klar und eindeutig fest: „Dorsch oder Scholle jederzeit, aber Granat nie wieder".

13. November 1973 - Nach dem Sturm

Der „Blanke Hans", wie orkanartige Stürme an der Nordsee bezeichnet werden, hat sich wieder einmal mit voller Kraft gemeldet. Der Wachbootskommandant des 4. Minensuchgeschwaders befürchtet, dass sich die im „Päckchen", also zu zweit nebeneinander liegenden Holzboote gegenseitig das Deck auf der Back anheben könnten und es dadurch zu erheblichen Schäden kommen würde - in der Marine nennt man so etwas „Havarie". Er hält es daher für notwendig, alle Kommandanten von Zuhause an Bord zu holen, damit diese mit jenen Soldaten ihres Bootes, die an Bord sind, das Boot frei vom Nachbarboot zu halten.

Das bedeutet, dass die Hauptmaschinen gestartet werden und sich das Außenboot parallel zum Innenboot an langen Leinen "dynamisch verankert", so lange jedenfalls, bis das Tief durchgewandert ist. Es ist kurz vor Mitternacht, als alle Kommandanten eingetroffen sind und alle Boote „Hafenseeklar" gemeldet haben.

Mit vielen langen Festmacherleinen und sehr vielen Fendern wird die „Flensburg" abgesichert. Mit sehr geringen Geschwindigkeiten und mit Hilfe der ausgezeichneten Verstellpropeller-Anlage bleibt das Boot - wie alle anderen Boote des 4. Minensuchgeschwaders - von einer Havarie verschont. Gegen 04:00 ist das Tief vorbei, der Sturm ist abgeflaut und die Boote machen „Seeklar zurück", wie es in der Marinesprache heißt.

Wie richtig der Wachbootskommandant gehandelt hat, kann man am nächsten Morgen sehen, denn auf der Nachbarpier beim 6. Minensuchgeschwader hatte deren Wachbootskommandant die Lage nicht so kritisch eingeschätzt mit dem Ergebnis, dass sich vier Boote gegenseitig die Back - also das Vorschiff - angehoben haben. Das ist eine heftige und kostenträchtige Havarie für diese 4 Boote!

Das Einzige, was auf der „Flensburg" gelitten hat, sind die Fender und viele Festmacherleinen. Als die „Heimschläfer" gegen 07:15 zum Dienstbeginn an Bord kommen, sind sie überrascht, dass ihr Boot nachts ohne sie seeklar gemacht hat. Doch die Erklärungen sind einleuchtend: die Heimschläfer wurden für diese Aufgabe nicht zwangsläufig benötigt. Einer erfasst die logistische Lage blitzschnell: der Tauchermeister. Er verschwindet sofort wieder, organisiert sich einen LKW und kommt erst gegen 11:00 an Bord zurück. Der LKW ist voll beladen mit Verbrauchsgütern wie Festmacherleinen, Fender, Farbe, Teakholzöl, Pinsel, Besen, Reinigungsmittel, Putzlappen etc. Walter ist in seinem Element. Der Orkan öffnet ihm die Türen, er hat die Chance erkannt und sofort genutzt, altes

Gut zu erneuern und zudem eine ausreichende Reserve anzulegen.

19. März 1974 - Starfighter F104G wird gesucht, gefunden und geborgen

Überraschender, kurzfristiger Einsatz für die „Flensburg", gemeinsam mit der „Fulda" und dem Hochseeschlepper „Helgoland".

Was war geschehen? Am Vormittag stürzt ein Flugzeug vom Typ Starfighter F 104 G ab. Es gehört zum Marinefliegergeschwader 2 in Eggebek und trägt die Kennzeichnung „26+64". Pilot ist Kapitänleutnant Baldur Tengler, der sich zum Glück mit dem Fallschirm retten kann. Da der Pilot nicht mehr in der Maschine sitzt, ist es ein interessanter Einsatz für die Crew der beiden Minenjagdboote, die mit ihren modernen Sonargeräten keine Mühe haben, das Wrack des Marinejagdbombers in 18m Tiefe rasch zu orten und die Einzelteile mit Hilfe der Bordkräne der „Helgoland" zu bergen.

Kapitänleutnant Baldur Tengler (Jg. 1940) war in Eggebek gestartet und zum niederländischen Schießplatz Terschelling geflogen, um dort Schießübungen durchzuführen, als aufgrund eines Querschlägers das Triebwerk ausfällt. Sein

Kampfjet stürzt in die Nordsee und er kann sich in letzter Minute mit dem Schleudersitz in Sicherheit bringen, er bleibt glücklicherweise unverletzt.

Es ist der 9. Absturz eines Starfighters 104G der Marineflieger, die insgesamt über 112 Marinejagdbomber dieses Typs verfügen bzw. verfügten. In den Jahren 1960 bis 1991 sollten insgesamt 269 der einmal 912 Starfighter F104 G abstürzen; 116 Piloten sind dabei um ihr Leben gekommen.

14. Juni 1974 - Kooperation mit einem Hubschrauber des Seegrenzschutzes

Es gibt eine kleine, aber gute Tradition zwischen der fahrenden und der fliegenden Marine: wenn ein Hubschrauber der Marineflieger ein Minensuchboot oder ein Minenjagdboot überfliegt, erhält die Crew des Hubschraubers eine Flasche Hochprozentigen oder einige Flaschen „Pilsner Urquell" aus der Zolllast.

Das Verfahren ist ganz einfach. Bei Annäherung eines Hubschraubers wird auf der Brücke des Schiffes mit einer Flasche gewunken und der Hubschrauberpilot lässt an einem langen Seil einen Postbeutel herab, in den die Flasche gelegt wird. Der Beutel wird hinauf gezogen und mit großem Dank verabschiedet sich die Crew des Hubschraubers. So jedenfalls läuft das übliche Verfahren ab und das seit vielen Jahren.

Die „Flensburg" ist heute auf dem Weg von Neustadt/Holstein durch den Fehmarnsund nach Olpenitz, als sich ein Hubschrauber von achtern nähert. Heute wird schnell ein Sechserkarton Pilsner Urquell aus der Zolllast geholt und mit einer Flasche auf der Brücke in Richtung Hubschrauber gewunken. Bei Annäherung stellt die Brückenwache fest, dass der Hubschrauber nicht von der Marine, sondern vom Seegrenzschutz ist.

Offenbar kennt der Pilot die kleine Tradition der Marineflieger nicht oder aber er hat keinen Postbeutel an Bord. Daher kommt es nun zu einem abenteuerlichen, ausgesprochen gefährlichen Manöver. Der Pilot steuert seine Bell UH-1D über das Achterdeck des Minenjagd-bootes und kann seine Rotorblätter gerade noch vom Mast der „Flensburg" frei halten. Nun steigt der Co-Pilot auf die linke Kufe seines Hubschraubers und der Hauptgefreite Ralf Kuhn kann einen 6er Karton „Pilsner Urquell" von der Backskiste an Steuerbordseite des B-Decks von Hand zu Hand übergeben. Übergabe gelungen! Der Pilot zieht sofort nach Steuerbord achteraus ab, bedankt sich und fliegt ab.

Erst jetzt wird allen an Bord und wohl auch auf dem Hubschrauber bewusst, welch riskantes Manöver die „Flensburg" die Bell UH-1D soeben durchgeführt haben - zum Glück ohne Schaden.

Am Abend geht die „Flensburg"-Besatzung in Olpenitz an Land und man hört zuweilen Sätze wie „Wir sind der erste Hubschrauberträger der Marine".

17. Juni 1974 - Beschattung durch die NVA
Die Boote des 4. Minensuchgeschwaders sind wieder einmal auf Ausbildungsfahrt Ostsee (AFOST) und üben einzelbootsweise in der mittleren Ostsee. Sie sind morgens aus Olpenitz ausgelaufen. Beim Befahren des Fehmarnbelt in östlicher Richtung wird die „Flensburg" von einem Minensuchboot der Kondor-II-Klasse von der Volksmarine

der NVA hautnah beschattet. Der Kommandant der G-412 „Neustrelitz" (so heißt das Boot) ist überaus clever, er kommt immer wieder von Steuerbordseite und beeinflusst dadurch den Kurs der „Flensburg", denn von Steuerbord kommend hat er immer Vorfahrt. Das ist auf See so wie im Straßenverkehr. Dem „Alten" gefällt das überhaupt nicht und daher lässt er die Lautsprecher an Steuerbord in Richtung „Neustrelitz" richten, nimmt das Mikrophon in der Hand und ruft: „Guten Morgen der Besatzung auf der G-412! Warum arbeitet Ihr denn heute, heute ist doch Feiertag!" Unverzüglich sieht man von der „Flensburg" aus auf der G-412 Schwarzqualm aus dem Schornstein aufsteigen, die „Neustrelitz" gibt Vollgas und entfernt sich sehr schnell. Offenbar hat der Polit-Offizier an Bord dem Kommandanten gesagt, dass man sich nicht von diesen Kapitalisten provozieren lassen wolle und auf größere Entfernung gehen solle. Zum besseren Verständnis: Von 1954 bis 1990 war der 17. Juni in der Bundesrepublik Deutschland zum Gedenken an den Volksaufstand 1953 in der DDR gesetzlicher Feiertag und trug den Namen *Tag der deutschen Einheit*.

20. Juni 1974 - Kontakt mit einem sowjetischen Minensuchboot
3 Tage später. Die „Flensburg" fährt auf Kurs Nord-West in der östlichen Ostsee südlich der Insel Ösel in Höhe der Rigaer Bucht - in internationalen Gewässern natürlich. Beschattet wird sie von einem Minensuchboot der baltischen Rotbannerflotte der Sowjetunion. Es ist ein Boot der NATYA-Klasse, etwa 60m lang und mit ähnlicher Geschwindigkeit wie die „Flensburg" ausgestattet, also einer Marschgeschwindigkeit von 15 Knoten. Der sowjetische Kommandant hält sein Boot in gebührenden Abstand und beobachtet die Bewegungen des deutschen Schiffes aus der Distanz. Sein Verhalten ist ausgesprochen defensiv, anders als das Minensuchboot „Neustrelitz" der Volksmarine vor drei Tagen.

Der „Alte" ruft den Signalmaaten und befiehlt ihm, das sowjetische Schiff über „Flashlight" anzumorsen. Nach der Verbindungsaufnahme sendet er den Text „from Captain to Captain: I send a boat" an das NATYA-Minensuchboot. Von dort kommt unverzüglich die Antwort in englischer Sprache: „you are welcome". Nun wird auf der „Flensburg" ein Schlauchboot mit Außenbordmotor ausgesetzt und zwei Minentaucher fahren die kurze Strecke zu dem sowjetischen Minensuchboot und nehmen eine Flasche Whisky mit. Nach 15 Minuten kommen sie zurück, berichten von einer freundlichen Aufnahme. Sie haben mit dem Schlauchboot längsseits gelegen, das sowjetische Schiff aber nicht betreten, sie haben die Flasche Whisky übergeben und dafür eine Flasche Wodka erhalten, die sie nun mitbringen!

Eine erstaunliche, unglaubliche, aber sehr erfreuliche Kooperation auf hoher See zwischen Seeleuten von einem Kriegsschiff des Warschauer Paktes mit einem der NATO. Erstaunlich ist zudem das völlig andere, lockere Verhalten des sowjetischen Minensuchbootes als einige Tage vorher das Verhalten des Minensuchbootes der NVA-Volksmarine und des Minenjagdbootes der Bundemarine.

Diese Begegnung bleibt allen 43 Männern der „Flensburg" in bleibender Erinnerung!

27. Juni 1974 - Unter britischer Flagge
Die „Flensburg" befährt die mittlere Ostsee, tagsüber und auch nachts. An Bord weht die Seeflagge, das ist der Doppelstander unserer Nationalflagge mit dem Bundesadler, sie weht am Mast. Die Beschattung erfolgt wieder durch ein Schiff der Volksmarine. Internationaler Brauch ist es, dass Kriegsschiffe in See von passierenden Handelsschiffen gegrüßt werden. Der Gruß erfolgt durch Dippen der Seeflagge. Aufgrund der politischen Lage grüßen sich ostdeutsche und westdeutsche Schiffe in See nicht - weder Kriegsschiffe noch Handelsschiffe. Dieses ist auf beiden

Seiten des Eisernen Vorhangs, also in Bonn und in Ost-Berlin so befohlen worden.

Der Sonarmaat hat bei seinem Lehrgang in Großbritannien eine Flagge des „White Ensign" geschenkt bekommen und an Bord mitgebracht. Diese Flagge ist das Gegenstück zu der deutschen Seeflagge. Heute Nacht kommt bei den Unteroffizieren die Idee auf, die deutsche Seeflagge gegen die britische Seeflagge auszutauschen. Dieses ist völkerrechtlich natürlich nicht zulässig. Gleichwohl geschieht es mit Genehmigung des Komman-danten. Nach Sonnenaufgang passiert die „Flensburg" mehrere Handelsschiffe, die allesamt Ihre Flagge dippen vor diesem britischen Kriegsschiff. Dieses tun auch die Handelsschiffe der Deutschen Seereederei (DSR), der staatlichen Reederei der DDR.

Die Unteroffiziere des Minenjagdboote „Flensburg" freuen sich bannig.

1. Juli 1974 vor Anker vor Bornholm
Knapp zwei Wochen ist die „Flensburg" nun bereits in See - ohne einen Hafen angelaufen zu haben. Auf einem Schiff mit knapp 50 m Länge und mit 43 Mann Besatzung ist das nicht ganz einfach. Zum Glück sind alles nur Männer. Man stelle sich vor, dass drei, vier oder fünf Mitglieder der Crew Frauen wären. Das würde gewiss zu „zwischenmenschlichen Problemen" führen, oder etwa nicht? Das Alter der Flensburg-Besatzung liegt bei durchschnittlich 24,9 Jahren. Im Einzelnen:

- Offiziere   31,6
- PUO   32,0
- Unteroffiziere   23,4
- Mannschaften   22,8.

An den beiden Wochenenden der AFOST liegt die „Flensburg" vor Anker: am 22./23. Juni vor Gotland und an diesem Wochenende vor Bornholm. Um disziplinare Schwierigkeiten von Beginn an zu minimieren, hat sich der „Alte" einen „Flensburger Mehrkampf" ausgedacht, einen Mehrkampf, der für die gesamte Besatzung gilt und der an den beiden Wochenenden durchgeführt wird. Aus einer Liste von 25 Wettkämpfen muss sich jedes Besatzungsmitglied 20 Wettkämpfe auswählen, an denen man an den vier Tagen der beiden Wochenenden teilnehmen muss. Ausgenommen ist nur der Kommandant. Auch der IWO, also der 1. Wachoffizier, muß teilnehmen. Dieser, Nachfolger von Harry - (der ist inzwischen Kommandant auf dem Minenjagdboot „Fulda" geworden) - ist „not amused". Gleichwohl: es gilt gleiches Recht für alle. Als Belohnung winkt lediglich ein einziger Preis: 24 Stunden Kommandant auf dem Minenjagdboot „Flensburg"!

Die angebotenen Übungen sind ausgesprochen vielfältig. Einige Bespiele sollen genannt werden:
- Hindernislauf über das Boot,
- Doppelkopfturnier,
- Luft anhalten unter Wasser an der Taucherleiter,
- Skat-Turnier,
- Angeln,
- Darts,
- Schwimmen um das Boot,
- etc..

Bevor die „Flensburg" heute nun „Anker auf" geht und mit dem Geschwader in Richtung Westen fährt, ist Kommandantenmusterung. Der „Alte" verkündet das Ergebnis des „Flensburger Mehrkampfes". Gewinner ist Maat Härtl, der Navigationsmaat, und wegen seiner geringen Körpermaße an Bord auch unter dem Namen „Stummel" bekannt. „Stummel" muss vortreten und der „Alte" schraubt ihm seine Maaten-Schulterklappen ab und ersetzt diese durch zwei Kapitänleutnant-Schulterklappen. Er übergibt Stummel das Kommando über die „Flensburg". Auch die Kommandantenkammer hat er für „Stummel" geräumt und wird heute Nacht in der OPZ schlafen.

Der temporäre Kommandant „Stummel", der offizielle Kommandant und die gesamte Besatzung sind zufrieden.

1. Juli 1974 Längsseits gehen in See

Am gleichen Tage, wenige Stunden später. Nachdem alle Boote „Anker auf" gegangen sind, befiehlt der Kommandeur, der sich auf der „Fulda" eingeschifft hat, die „Formation One", also die einfache Kiellinie, d.h. ein Boot fährt hinter dem anderen her im Normalabstand von 300 Yards. Heute ist jedoch doppelter Normalabstand befohlen. Der Grund dafür ist eine taktische / seemännische Übung, die in der NATO „leapfrog" genannt wird: sobald die Kiellinie eingenommen worden ist, lässt der Kommandeur die Geschwindigkeit für alle Boote auf 6 Knoten reduzieren. Nun geht das letzte Boote mit seiner Backbordseite an der Steuerbordseite des vorletzten Bootes längsseits und macht mit einer Leine kurz fest. Anschließend wird die Leine wieder eingeholt und das bisher letzte Boot passiert das bisher vorletzte Boot vor dessen Bug und fährt auf die andere Seite, um beim bisher drittletzten Boot an dessen Backbordseite längsseits zu gehen. Dieser Vorgang setzt sich solange fort, bis ein jedes Boot bei jedem anderen einmal längsseits gegangen ist. Die Übung schult die Wachoffiziere im „Ship Handling", also in dem Vermögen, das Schiff mit seinen 4.000 PS sicher zu bewegen. Und es schult auch das seemännische Personal an Oberdeck.

Als Wachoffizier für die heutige Wache von 08:00 bis 12:00 fährt keiner der Offiziere, sondern der Tauchermeister, der über das richtige Gefühl verfügt, die „Flensburg" in See sicher zu bewegen. So ist er in den letzten Monaten zum „Fahr-WO" ausgebildet worden. In der Backbord-Nock, dem Platz des Kommandanten, steht der Navigationsmaat „Stummel" in der Uniform eines Kapitänleutnants. Vor der „Flensburg" fährt die „Cuxhaven" und hat deutliche Probleme, an der „Fulda" längsseits zu gehen. Nach 3 Versuchen winkt der Geschwaderkommandeur ab und die „Cuxhaven" fährt weiter. Nun kommt die „Flensburg". Walter Schicks, der Tauchermeister, fährt ein schulmäßiges Manöver und geht an der „Fulda" längsseits. Der Geschwaderkommandeur ist sehr zufrieden. Später berichtet der Kommandant der „Fulda", dass der Kommandeur plötzlich irritiert und aufgeregt fragte, wieso der Tauchermeister als Fahr-WO auf der „Flensburg" fährt und wer denn der Kapitänleutnant sei, den er ja nicht kenne und wo zudem „der Spieker" sei! (Zur Erklärung: Dieser stand auf der Brücke etwas im Hintergrund und hatte natürlich weiterhin die Verantwortung für Schiff und Besatzung).

An Bord der „Flensburg" ist man stolz über dieses gelungene Manöver des Tauchermeisters unter dem Kommandanten „Stummel".

2. Juli 1974 - Gefährliche Annäherung

Nach der Einzelausbildung in der westlichen Ostsee sollen sich die Boote des 4. Minensuchgeschwaders nun sammeln und gemeinsam in die Flensburger Förde einlaufen. Hierzu befiehlt der Kommandeur „Formation ALFA". Das bedeutet, dass alle Boote schnellst möglichst eine Kiellinie hinter dem Führerboot, der „Fulda", einnehmen sollen. Da gibt es plötzlich ein großes Gerangel, denn niemand möchte in einer Kiellinie weit hinten platziert sein, denn dort muss man pausenlos die Geschwindigkeit erhöhen und wieder reduzieren, um den Normalabstand von 300 Yards zum

Vordermann halten zu können. „Sägen" wird das im Marinejargon genannt.

Die Plätze zwei und drei sind schnell vergeben, unerreichbar. Um die Position vier bemühen sich die „Flensburg" und die „Paderborn". Beide fahren mit hoher Geschwindigkeit mit dem klaren Ziel, vor dem anderen Boot die vierte Position einnehmen zu können. Wird auf der „Paderborn" die Geschwindigkeit erhöht, zieht die „Flensburg" sofort nach und umgekehrt. Die beiden Boote nähern sich gefährlich an. Der eine Kommandant ist der Auffassung, dass er von Steuerbord kommt und daher Vorfahrt hat. Der andere Kommandant meint, dass er Überholer ist und somit Vorfahrt hat. Doch dann zieht einer der beiden Kommandanten zurück und so wird eine Havarie im letzten Augenblick verhindert. Ein Zusammenstoß wäre wohl das Ende der Karrieren der beiden Kommandanten gewesen. Doch so können Hartmut Spieker von der „Flensburg" später noch zum Kapitän zur See und Jörg Auer von der „Paderborn" später noch zum Konteradmiral befördert werden. Beide Offiziere werden nach dem Einlaufen in den Marinestützpunkt Flensburg vom Kommandeur verbal gerügt, zurecht, wie beide anerkennen!

Doch beide Offiziere ziehen eine persönliche Lehre aus dieser „Fast-Havarie", beide werden später als Geschwaderkommandeur im 4. Minensuchgeschwader (Hartmut Spieker) bzw. im 6. Minensuchgeschwader (Jörg Auer) eingesetzt. Und beide haben sich geschworen, niemals die „Formation ALFA" zu befehlen, weil diese per Definition einfach zu gefährlich ist.

12. bis 14. Juli 1974 - „Tag der Flotte" in Bremen

Bereits kurz nach der Rückkehr aus der Ostsee verlegen 6 Boote des 4. Minensuchgeschwaders am Wochenende vom 12. bis 14. Juli 1974 nach Bremen. Nach 1973 hat die Öffentlichkeit in der Hansestadt erneut die Möglichkeit, Einheiten der Flottille der Minenstreitkräfte zu besichtigen.

Am Sonnabend und Sonntag ist „Tag der offenen Tür" und die Besucher strömen an Bord. Ein besonderes Interesse finden der Bootsstempel des Minenjagdbootes „Flensburg" sowie die Vorführungen der Minentaucher.

Am Sonntagvormittag überträgt Radio Bremen sein wöchentliches Hafenkonzert von Bord der „Flensburg". Auf dem Nachbarboot, dem Minensuchboot „Cuxhaven" wird dabei der Bordhund „CUX" vom Hauptgefreiten zum Maaten befördert und erhält natürlich auch einen Hundemantel mit korrektem Dienstgradabzeichen.

Abschließender Höhepunkt ist auch dieses Mal das Feuerwerk am Abend des 14. Juli, bevor das Wochenende bei der Marine ruhig ausklingen kann. Am Montag kehren die 6 Boote in ihren Heimathafen an der Jade zurück.

<u>18. Juli 1974 - Kanalfahrt durch den Nord-Ostsee-Kanal</u>
Und schon wieder geht es durch den Nord-Ostsee-Kanal. Ziel ist die Patenstadt, die Boot und Besatzung zum Wochenende eingeladen hat. Mit an Bord ist ein Freund des „Alten". Heinz Reher heißt er, ist schon über 50 Jahre alt, kann sich aber schnell an Bord und in die Crew eingewöhnen. Er wollte unbedingt einmal durch den Kanal fahren und der „Alte" hat ihm diesen Wunsch heute nun erfüllt. Der Gast bedankt sich bei der Crew mit einer ausreichenden Menge an Flüssigkeit, die diese im Hafen dann zu sich nehmen kann.

Der Auslauftermin ist von der Navigation so vorgeschlagen worden, dass das Boot mit dem Hochwasser die Elbe bis Brunsbüttel hochlaufen kann, also durch die Tide einen zusätzlichen „Schub" erhält. Das Schleusen dauert eine gute halbe Stunde, in der einige Besatzungsmitglieder das Boot verlassen und zu dem Kiosk in der Schleuse gehen, um Eis zu kaufen, Sammelbestellung für fast jeden an Bord. Es ist eine kleine Tradition in der Marine, das „Schleuseneis". Gleich ob Zerstörer, Fregatte, Minensuchboot oder Schnellboot - auf allen Schiffen und Booten wird in

Brunsbüttel und / oder Kiel-Holtenau ein „Schleuseneis"
gekauft und gegessen.

Ein kurzer Blick auf die Geschichte des NOK:
Militärische Aspekte führten in der zweiten
Hälfte des 19. Jahrhunderts zu den Bestrebungen
des Reichskanzlers Otto von Bismarck, die
Nordsee mit der Ostsee durch einen Kanal zu
verbinden. Die in Kiel und Wilhelmshaven
stationierten Kriegsflotten sollten eine kürzere
Verbindung bekommen, um im Kriegsfalle
schneller reagieren zu können. Unter
Mitbenutzung der alten Linienführung des
Eiderkanals wurde in achtjähriger Bauzeit der
Nord-Ostsee-Kanal errichtet.

Am 3. Juni 1887 wurde der Grundstein für das
neue Bauwerk gelegt. 9.000 Arbeiter hoben 80
Mio. m³ Boden aus, bauten je eine
Doppelschleuse in Brunsbüttel und Holtenau
("Kleine Schleusen"), zwei Hochbrücken, sechs
bewegliche Brücken und 16 Fähren. Der Kanal
war 67 Meter breit und neun Meter tief. Die
Kosten betrugen 156 Millionen Mark. Die für
damalige Verhältnisse modernste Technik kam
zum Einsatz. Auf Schienen fahrende
Eimerkettenbagger beförderten das Erdreich in
Bahnwaggons, in denen es abtransportiert wurde.
In der vorgegebenen Zeit von acht Jahren
konnte der Kanal fertiggestellt werden.

Zurück zur „Flensburg". Der Kanallotse ist an Bord, das
Schleusentor öffnet sich und schon beginnt die Kanalfahrt.
Für den 98,26 Kilometer langen Kanal benötigt man - wenn
alles gut geht - 6 ½ Stunden, da die Geschwindigkeit auf max.
15 km/h festgelegt ist. Bei Hochdonn (Kanalkilometer 18,8)

überquert eine Eisenbahnbrücke den Kanal. Hier kommt die nächste Tradition zum Tragen. Wenn ein Zug über die Kanalbrücke im gleichen Augenblick fährt, in dem ein Schiff der Bundesmarine unter der Brücke fährt, dann muß der WO der gesamten Wache - also auch den „Heizern" - eine Flasche Bier ausgeben, nach dem Einlaufen im nächsten Hafen. Die gleiche Chance besteht noch bei den Eisenbahnbrücken Rendsburg (Kanalkilometer 62,1) und Levensau (kurz vor Kiel, Kanalkilometer 93,4). An Bord befindet sich natürlich ein Kursbuch der Bahn und es wird bei jeder Kanalfahrt die Möglichkeit auf eine Begegnung überprüft. Ggf. wird dann auch die Geschwindigkeit des Bootes entsprechend justiert!

An der Lotsenstation Nübbel kommt das Lotsenboot längsseits und der neue Lotse für die Osthälfte des Kanals kommt an Bord; der Lotse der Westhälfte geht von Bord. Nach knapp 7 Stunden läuft die „Flensburg" in die Holtenauer Schleuse ein und setzt nach dem Schleusenvorgang die kurze restliche Fahrt in den Marinestützpunkt Kiel fort, wo sie über Nacht liegen bleibt und die Besatzung den Landgang in dieser schönen Stadt genießt.

19. bis 21. Juli 1974 - Besuch in der Patenstadt

Sehr früh schon am Freitag verlässt das Boot den Marinestützpunkt in Kiel und nimmt Kurs in Richtung Flensburg, passiert den Eingang zum Nord-Ostsee-Kanal und das Marine-Ehrenmal in Laboe mit dem obligatorischen Gruß „Front nach Steuerbord", mit dem hier die auf See gebliebenen Seeleute geehrt werden. Nach Passieren des Kieler Leuchtturms geht es auf Nordkurs und weiter vorbei an der Geltinger Bucht in die Flensburger Förde. Um 11:00 macht die „Flensburg" im Binnenhafen an der Schiffbrücke in Höhe Kompagnietor fest.

Das Wochenende gehört den Kontakten zwischen den Marinesoldaten und der Bevölkerung der Stadt. Landgang ist für alle in Uniform.

Die Besatzung lädt zu einem Cocktail-Empfang für offizielle Vertreter der Stadt ein und ist Gastgeber für einen Nachmittag mit Kindern aus dem städtischen Waisenhaus. Die Stadt bietet ein umfangreiches Programm mit Brauereibesichtigung, Besichtigung des Rathauses und Abendessen im „Deutschen Haus". Die Marine-Kameradschaft lädt in ihr Clubhaus an der Förde im Stadtteil Mürwik ein.

Doch ein Ereignis besonderer Art gibt es am Sonnabend. Die Besatzung hat sich etwas einfallen lassen. Bereits im Heimathafen in Wilhelmshaven hatte man an mehreren Wochenenden ein Blockhaus gebaut, das zerlegbar und transportierbar ist. Die 4 Seitenwände und das Dach wurden individuell fertig gestellt, waren mit Hilfe eines Kranwagens in Wilhelmshaven an Bord gebracht worden und hatten so den Weg in die Flensburger Förde gefunden. Hier, in Flensburg, kommen ein Kranwagen und ein Lkw der Bundeswehr, laden die Bauteile auf den Lkw und fahren alles in das städtische Kinderheim am Marienhölzungsweg. Dort bauen die Marinesoldaten das Blockhaus auf und am Ende wird es schlüsselfertig an die Kinder des Waisenhauses übergeben. Der neue Stadtpräsident Horst Kiessner bedankt sich überschwänglich.

Von den Kindern und der Leitung des Waisenhauses, von Rat und Verwaltung der Stadt und von der Presse werden Bau und Übergabe des Blockhauses in hohen Tönen gelobt. Das ausgesprochen positive Bild von Boot und Besatzung in der Öffentlichkeit wird durch die zahlreichen Besucher beim „Open Ship" am Sonnabend und am Sonntag noch verstärkt.

Am Montag geht es zurück nach Wilhelmshaven durch den Nord-Ostsee-Kanal, natürlich mit Schleuseneis.

13. August 1974 - Abschiedsparty im Haus des Kommandanten in Heidmühle

Für den Kommandanten zeichnet sich das Ende seiner Zeit auf der „Flensburg" ab: zum 30. September soll er versetzt werden und das Boot vorher an seinen Nachfolger übergeben. Aus diesem Anlass lädt er gemeinsam mit seiner Frau die gesamte Besatzung zu einer Gartenparty in sein Haus in Schortens-Heidmühle ein.

Die Besatzung bestellt einen Bus bei der Fahrbereitschaft der Bundeswehr und so kommen 35 Marinesoldaten um 17:00 Uhr im Wacholderweg in Heidmühle an. Speisen und Getränke in ausreichender Menge sorgen rasch für eine gute Stimmung. Gemeinsam Erlebtes der letzten zwei Jahre wird in Erinnerung geholt und steigert die Stimmung weiter. So ist es nicht verwunderlich, dass die Zeit schnell verfliegt und alle erstaunt sind, als um 22:00 Uhr der Bus vor der Tür steht, um alle zurück an Bord zu bringen. Die Marinesoldaten steigen schließlich ein und der Bus fährt los. Der „Alte" und seine Frau beginnen die Spuren der Party im Haus und im Garten zu beseitigen.

Als im Bus festgestellt wird, dass der Artilleriemaat Andre Mainusch unweit des Hauses des Kommandanten wohnt, beschließt man kurzfristig, später beim „ARI" zu übernachten und nicht in die 4. Einfahrt zurückzufahren. So kann man die wenigen hundert Meter zurück zum „Alten" leicht zu Fuß gehen und die Gartenparty fortsetzen. Und so kommt es: der Bus ist noch keine 500 Meter unterwegs, als er angehalten wird. Zu Fuß kehren sie in den Wacholderweg zurück, wo die Gastgeber überrascht sind, aber natürlich Ihre Türen gerne wieder öffnen. Irgendwann in der Nacht ist die Gartenparty nun wirklich zu Ende und die vielen Marinesoldaten gehen die 900 m zu Fuß zu André Mainusch, bevölkern dessen Haus und schlafen in allen Zimmern und in allen Lagen.

Am nächsten Vormittag kommt es zu einer netten Ergänzung: Die Frau des Kommandanten trifft eine Nachbarin, die ihr von einem schlimmen Traum berichtet, den sie in der letzten Nacht hatte. Ihre sechsjährige Tochter sei im Krankenhaus gewesen und im OP-Saal hätten die Ärzte und Schwester um sie herum gestanden und dabei das Lied „Oh du schöner Westerwald" gesungen!

Der Hintergrund dieses Traumes konnte rasch aufgeklärt werden.

15. September 1974 - Teakholz

Das Bundesverteidigungsministerium in Bonn hat festgelegt, dass sämtliche Schiffe der Deutschen Marine künftig einheitlich in der Farbe RAL 7000 (Fehgrau) gestrichen sein müssen. Dieses gilt für sämtliche Aufbauten und damit bei den Booten der Lindau-Klasse auch für deren Handläufer und Schandeckel, die bisher in Teakholz geblieben sind. Der „Alte" verweigert sich und schiebt den Anstrich des Teakholzes durch diese graue Farbe immer wieder hinaus, bis zum Ende seiner Zeit als Kommandant der „Flensburg". Danach wird das Holz aber schließlich doch angestrichen - auf allen 18 Booten der Lindau-Klasse.

Viele Jahre später, im Sommer 1984, ist der „Alte" nun Geschwaderkommandeur im 4. Minensuch-geschwader und stellt beim Wachbootscafé mit den Kommandanten der inzwischen 12 Minenjagdboote beiläufig fest, dass er die Boote in früheren Jahren viel schöner fand, als man das Teakholz von Schandeckel und Handläufer noch sehen konnte, und diese nicht Fehgrau gestrichen waren.

Zwei Tage später kommt er wieder auf die Pier und sieht, wie auf mehreren Booten die Seemänner die graue Farbe mit einer Ziehklinge vom Teakholz abziehen und anschließend mit Öl labsaalen. Auf die Frage wieso sie dieses tun, antworteten die Matrosen: „Das haben sie doch befohlen, Herr Kapitän". So sind die Worte des Geschwaderkommandeurs interpretiert und offensichtlich auch sogleich umgesetzt worden. Der Kommandeur hat keine Einwände und in kürzester Zeit sind alle zwölf

Minenjagdbote wieder mit ihren Handläufern und Schandeckel aus Teakholz zu sehen. Und sie bleiben so!

30. September 1974 - Kommandantenwechsel

Die „Flensburg" liegt in der Burmester-Werft; es ist die letzte Fahrt unter dem Kommando des bisherigen „Alten". In der Werft findet der Kommandantenwechsel statt. Hierzu ist der Geschwaderkommandeur aus Wilhelmshaven angereist und übergibt das Kommando von Kapitänleutnant Hartmut Spieker an Kapitänleutnant Jörg Richter, den neuen „Alten". Kapitänleutnant Hartmut Spieker wird in den Stab der Flottille der Minenstreitkräfte in Wilhelmshaven versetzt und soll sich dort um den Umbau weiterer 10 Küstenminensuchboote zu modernen Minenjagdbooten kümmern.

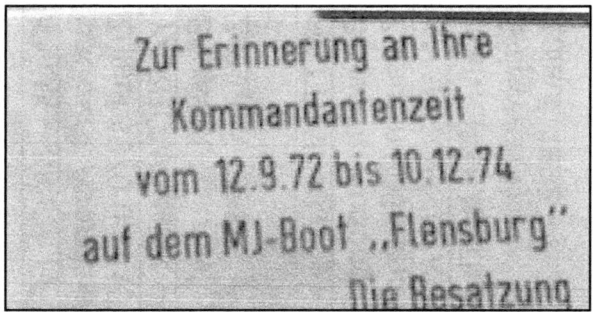

Die Besatzung überrascht den alten „Alten" mit einem sehr schönen, außergewöhnlichen Abschiedsgeschenk: ein Modell der „Flensburg". Der „Alte" ist sehr gerührt. Das Modell wird einen Ehrenplatz im Hause Spieker erhalten und wird auch alle Umzüge der Spiekers mitmachen und somit in den nächsten 50 Jahren Meckenheim, Schortens, Virginia Beach (USA), Erftstadt, Warschau (Polen) und wieder in Schortens kennenlernen.

Ein Rückblick aus meiner eigenen Sicht

Mein Name ist „Flensburg", Minenjagdboot „Flensburg", so hatte ich mich anfangs und in Anlehnung an James Bond vorgestellt. Und nach diesen mehr als 30 Episoden möchte ich kurz die letzten zwei Jahre, meine ersten zwei Jahre in meiner neuen Funktion als Minenjagdboot zusammenfassen. Ja, das war schon eine Umstellung von der herkömmlichen schweren körperlichen Arbeit eines Minensuchbootes zu der körperlichen und geistigen Arbeit eines Minenjagdbootes. Während ich in den ersten elf Jahren doch zumeist im Rudel mit anderen Minensuchbooten gefahren bin, konnte ich mich in meinen ersten zwei Jahren als Minenjagdboot doch vornehmlich allein durch die nordeuropäischen Gewässer bewegen. Das war schon attraktiv und hat mir sehr gut gefallen!

Und die Crew? Ja die Besatzung war eine tolle Gemeinschaft, die sowohl eine gute Kameradschaft untereinander als auch Respekt vor dem anderen zeigte. Das Ziel war immer eine hohe Einsatzbereitschaft, bei der sich die Besatzung selbst fit hielt und in der sie mich sehr gut pflegte. Spaß und Freude waren immer präsent und die Ideen, die von den Mannschaften, den Unteroffizieren, den PUO und den Offizieren geboren wurden, waren zuweilen etwas unkonventionell oder schräg, haben aber wohl zu dem guten Teamgeist mit Erfolg beigetragen.

Und dann möchte ich noch auf einen ganz wichtigen Punkt hinweisen, der sowohl für meine Zeit als

Minensuchboot als auch für die Zeit als Minenjagdboot gilt: ich durfte die vielen Jahre meines bisherigen Lebens in Frieden und Freiheit verbringen und bin dafür sehr dankbar. Ich hoffe und wünsche den kommenden Besatzungen, die mit mir zu See fahren werden, Freude und Erfolg und weiterhin Frieden und Freiheit in Deutschland und in Europa.

Die Fortsetzung bis 1991

Noch viele weitere Jahre bin ich im Dienst der Bundesmarine gefahren und eingesetzt worden. Bis Ende März 1991 folgten auf Kapitänleutnant Jörg Richter weitere 7 Kommandanten, die in der Anlage aufgeführt sind.

Am 1. April 1991 wurde ich schließlich außer Fahrbereitschaft genommen und am 26. Juni 1991 in Wilhelmshaven außer Dienst gestellt. Damit endete mein Einsatz nach mehr als 31 Jahren als Küstenminensuchboot und als Minenjagdboot. Für ein Schiff aus Holz ist das eine beachtlich lange Lebensdauer und belegt die Qualität derer Ingenieure und Bootsbauer in den fünfziger Jahren.

1995 bis 2011 - Jugendbegegnungsstätte „Mienchen"

Doch das sollte noch nicht mein Ende sein. Auf Betreiben des Trägervereins „Offene Jugendarbeit Ruhrort e.v." in Duisburg genehmigte das Bundesministerium der Verteidigung und hier das Referat FüM II4 im Führungs-stab der Marine meine Abgabe an diesen Verein - für den symbolischen Betrag von 1 DM.

Vorher war in Duisburg-Ruhrort der „Verein für offene Jugendarbeit" e.v. gegründet worden, der mich im Jahre 1992 übernahm und von Wilhelmshaven nach Duisburg schleppen ließ. Die 40mm-Lafette und die Sonaranlage waren im Marinearsenal entfernt worden. Weitere elektronische Geräte waren ebenso wie der elektrische Teil der Ruderanlage vor Übergabe ausgebaut worden. Der Mast war vor der Verlegung über den Rhein nach Duisburg abgebaut und durch einen kleinen Mast ersetzt worden.

Der Umbau vollzog sich dann in Duisburg, meiner neuen Heimat. Die Schottel-Motoren wurden zunächst ausgebaut und verkauft. Für die Einnahmen in Höhe von 30.000 DM konnte die Asbestsanierung des Bereiches um den Schornstein durchgeführt werden. Meine beiden wertvollen Pfluganker aus Messing wurden über Nacht abgebaut und gestohlen - zunächst der Steuerbordanker und dann einige Zeit später der Backbordanker. Es ist unglaublich, wie manche Menschen mit mir umgegangen sind!

Unter dem Rumpf hat man mir an Backbord- und Steuerbordseite Stabilisatoren eingebaut, damit ich stabiler in der Waagerechten gehalten werden konnte. Die beiden Antriebsdiesel wie die 3 E-Diesel habe ich an Bord behalten, ebenso die Antriebswellen und Schrauben.

Die frühere OPZ hatte sich die Marinekameradschaft „Admiral Graf Spee" aus Duisburg zu einem Club-Raum umgebaut und das 13-Mann Deck im Anbau wurde für die Jugendarbeit genutzt. Auf dem freien Achterdeck wurde temporär ein Zelt aufgebaut. Das 6-Mann-Deck (Heizer-deck) blieb unverändert und wurde für Übernachtungen angeboten.

Der verfügbare Jahresetat für meinen Erhalt belief sich auf 100.000 DM. Er kam von der Stadt Duisburg. Aus diesem Etat wurde auch der Sozialarbeiter S. Weber bezahlt. Man hat mich auch für Veranstaltungen wie z.b. Hochzeiten vermietet. Das war immer besonders schön und dadurch konnten meine neuen Besitzer zusätzliche Einnahmen generieren.

Meine letzten Jahre

Im Jahre 2001 konnte die Stadt Duisburg den Etat für das Boot nicht mehr bereitstellen. Der Sozialarbeiter wurde abgezogen und die Mittel für Betrieb nach und nach gekürzt und dann schließlich ganz eingestellt. Der Verein konnte noch eine Weile weitermachen, aber im Jahre 2011 war dann Schluss, der Verein musste liquidiert werden und verkaufte mich für 1 € an einen Herrn Fahnenbruck in Duisburg. Dieser wollte mich noch einmal umbauen und als Restaurant am Schwanentor in Duisburg nutzen. Allein durch die Versiegelung der Schwanentorbrücke war das Projekt jedoch gestorben. Viele Jahre lag ich ungenutzt im Hafenbecken 2b in Duisburg, wurde immer älter und unansehnlicher.

Herr Fahnenbruck verkaufte mich schließlich im Jahre 2017 für 6.000 € an eine Niederländische Abwrackfirma. Da noch Buntmetall-Teile im Werte von ca. 36.000 € in

67

verschiedenen Räumen an Bord waren, lohnte sich der Deal für die Niederländer.

Drei sehr unterschiedliche Leben sind mir vergönnt gewesen:

1. habe ich seit 1959 über 10½ Jahre als Minensuchboot erfolgreich dazu beigetragen, dass es nach dem 2. Weltkrieg keine weiteren Kriege in diesem Teil der Welt gegeben hat.
2. das Gleiche gilt für die 19 Jahre nach dem Umbau zum Minenjagdboot
3. nach meiner Außerdienststellung habe ich über 16 Jahre bei der Erziehung von Jugendlichen geholfen.

So konnte ich nach insgesamt 58 Jahren in meinem Element, dem Wasser, 2017 ein verdientes Ende in den Niederlanden finden.

Liste der Anlagen

1	Technische Daten der LINDAU-Familie
2	„Flensburg" im Bau bei der Burmester-Werft
3	KM-Boot Klasse 320
4	Das Peildeck (Offene Brücke) und das Achterdeck als KM-Boot
5	MJ-Boot Klasse 331A
6	Logbuchauszug - Die erste Fahrt nach der Indienststellung
7	Menukarte an Bord vom 24. Dezember 1972 - Deckblatt
8	Menukarte an Bord vom 24. Dezember 1972 - Seiten 1 und 2
9	Logbuchauszug vom 30.9.1974
10	Rufzeichen und Abkürzungen der LINDAU-Familie
11	Die Kommandanten der „Flensburg"
12	Das Minenabwehrgeschwader Nordsee
13	Flottille der Minenstreitkräfte - Kommandeure
14	Notizen

Anlage 1

Technische Daten der LINDAU-Familie

1. Gebaute Einheiten

Klasse 320	vor dem Umbau	18
Klasse 331A	nach dem Umbau	2
Klasse 331B	nach dem Umbau	10
Klasse 351	nach dem Umbau	6

Dienstzeit: von 1958 bis 2020

2. Schiffsname

Länge über alles	47,10 m
Breite	8,3 m
Tiefgang	3,0 m max.
Konstruktionsverdrängung	370 t
Einsatzverdrängung	376 t

3. Besatzung

Klasse 320	46 Mann
Klasse 331A	43 Mann
Klasse 331B	43 Mann
Klasse 351	44 Mann

4. Maschinenanlage / E-Diesel-Anlage

2 AnDiMot	je 1.470 kW = 2.000 PS 16 Zylinder-V-Motoren	Mercedes MD-871-D

4 E-Diesel	MWM 518Dn/5	für die Gleichstrom-generatoren mit einer Gesamtleis-tung von 440 kW
Höchst-geschwin-digkeit	16,5 kn = 31 km/h	
Propeller	2 Wellen mit je 1 Verstellpropeller	Escher-Wyss
Schottel-propeller Maybach-V-8-Diessel	800 PS	als Zusatzantrieb bei Minenjagd
Reichweite	900 sm	bei 14 kn
Kraftstoff-bunker vor dem Umbau	42m^3	
Kraftstoff-bunker nach dem Umbau	28m^3	

5. Bewaffnung

1 x 40 mm	Bofors-FLAK, Typ 58
Minenjagdausrüstung	Plessey, UK

„Flensburg" im Bau bei der Burmester-Werft

KM-Boot Klasse 320

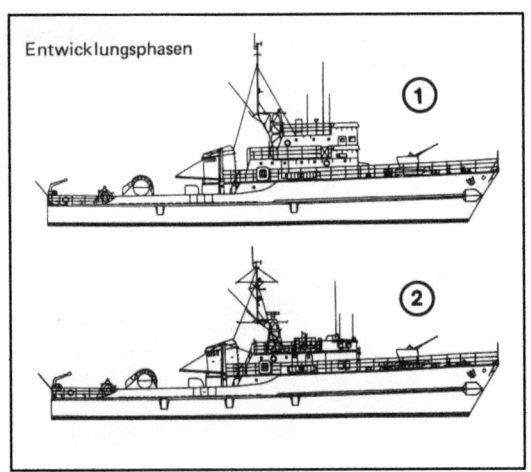

Anlage 4

Das Peildeck (Offene Brücke) und
das Achterdeck als KM-Boot

Anlage 5

MJ-Boot Klasse 331A

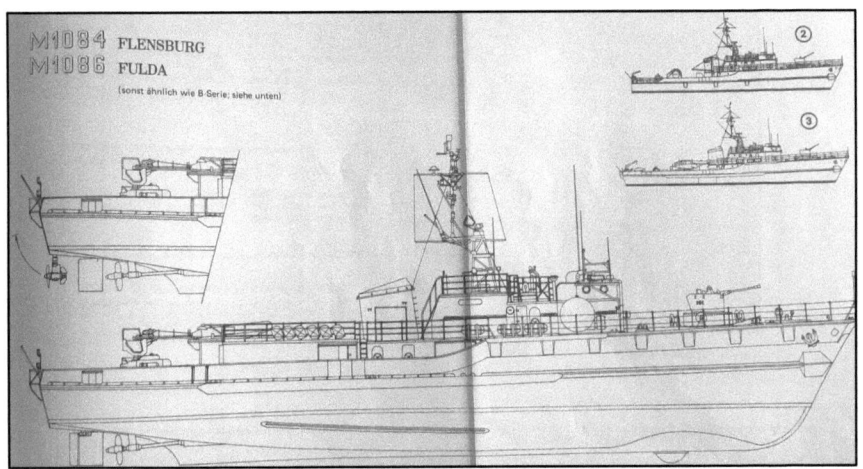

Anlage 6

Logbuchauszug
Die erste Fahrt nach der Indienststellung

Anlage 7

Menukarte an Bord vom 24. Dezember 1972*
Deckblatt

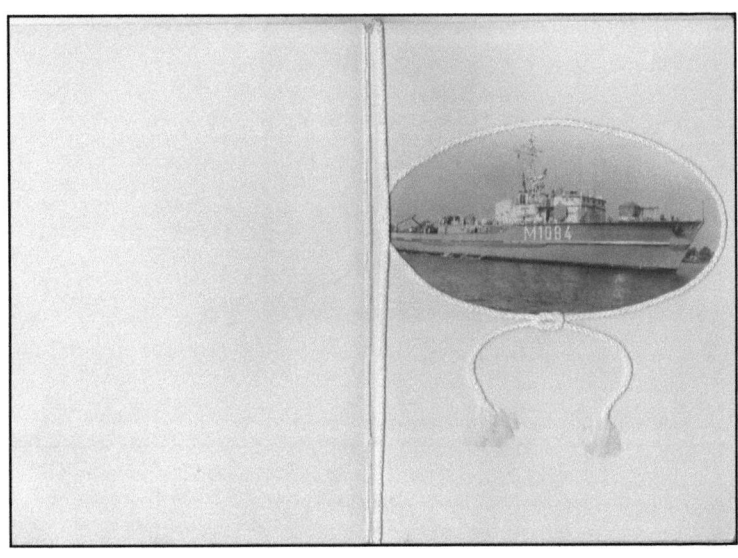

* Überlassen von Obermaat (24) a.D. Hans-Georg Kleszeweski

Anlage 8

Menukarte an Bord vom 24. Dezember 1972
Seiten 1 und 2

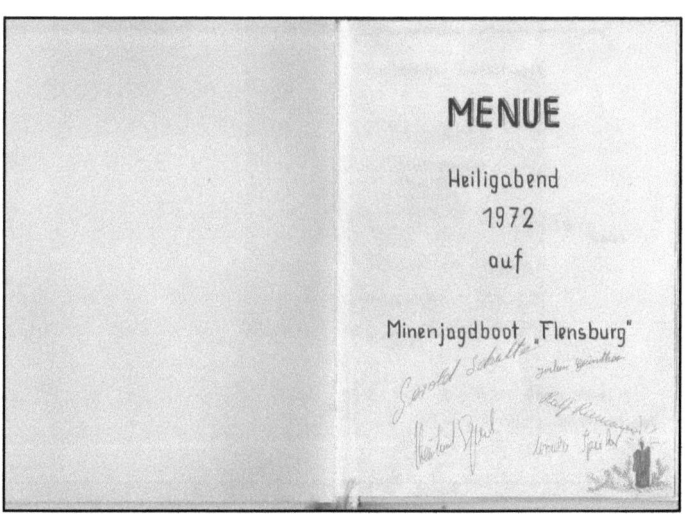

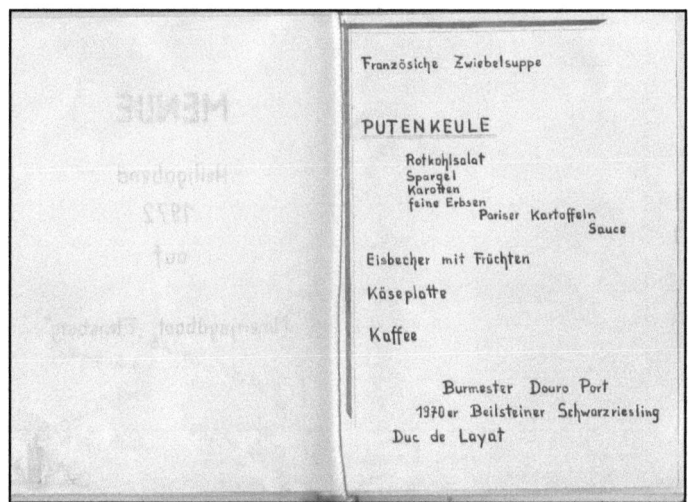

Anlage 9

Logbuchauszug vom 30.9.1974

Anlage 10

Rufzeichen und Abkürzungen der LINDAU-Familie

Hull-Number	Name	Ab-kürzung	Klasse nach Umbau	Rufzeichen
1070	Göttingen	GOE	331 B	DREN
1071	Koblenz	KOB	331 B	DREL
1072	Lindau	LIN	331 B	DREI
1073	Schleswig	SLW	351	DREA
1074	Tübingen	TUE	331 B	DREJ
1075	Wetzlar	WET	331 B	DREM
1076	Paderborn	PAD	351	DREB
1077	Weilheim	WEL	331 B	DREO
1078	Cuxhaven	CUX	331 B	DREQ
1079	Düren	DUE	351	DREC
1080	Marburg	MAB	331 B	DRER
1081	Konstanz	KOZ	351	DRED
1082	Wolfsburg	WOB	351	DREE
1083	Ulm	ULM	351	DREF
1084	Flensburg	FLE	331 A	DREH
1085	Minden	MID	331 B	DREK
1086	Fulda	FUL	331 A	DREG
1087	Völklingen	VOE	331 B	DREP

Klassen:
331 A   2 Minenjagdboote der 1. Serie
331 B   10 Minenjagdboote der 2. Serie
351   6 Hohlstablenkboote

Anlage 11

Die Kommandanten der „Flensburg"

Kommandanten des Minensuchbootes

von	bis	DG	Name	Vorname
03.12.59	30.09.61	OL	Fromm	Günter
01.10.61	30.04.63	OL	Papf	Eberhard
01.05.63	30.09.64	OL	Frank	Dieter
01.10.64	31.03.66	OL	Brüggemann	Ernst-H.
01.94.66	31.07.67	OL	Lippoldt	Wolfgang
01.08.67	30.09.67	OL	Hoffmann	Dirk
01.10.67	31.03.70	KL	Brandt	Hanno

Kommandanten des Minenjagdbootes

von	bis	DG	Name	Vorname
12.09.72	30.09.74	KL	Spieker	Hartmut
01.10.74	31.12.77	KL	Richter	Jörg
01.01.78	31.03.80	KL	Bubke	Joachim
01.04.80	31.03.82	KL	Könsgen	Joachim
01.04.82	30.09.83	KL	Ungethüm	Jochen
01.10.83	30.09.86	KL	Giese	Jürgen
01.10.86	30.09.88	KL	Menden	Ralf
01.10.88	31.03.90	KL	Bartels	Helmut
01.04.90	31.03.91	KL	Lehmann	Andreas

Ab 01.04.1991 außer Fahrbereitschaft, der IWO nimmt die Geschäfte des Kommandanten wahr.

Am 26. Juni 1991 Außerdienststellung in Wilhelmshaven.

Anlage 12

Das Minenabwehrgeschwader Nordsee

Am 2. Oktober 1977 wurde das Minenabwehrgeschwader Nordsee gebildet.

Flottillenadmiral Dieter Wellershoff, der spätere Inspekteur der Marine und auch Generalinspekteur der Bundeswehr, legte an seinem letzten Diensttag als Kommandeur der Flottille der Minenstreitkräfte und seinem ersten Dienstag im Dienstgrad Flottillenadmiral das 4. und 6. Minensuchgeschwader zu dem Minenabwehrgeschwader Nordsee zusammen.

Von den späteren 18 Booten waren an diesem Tage lediglich 8 Boote im Dienst: die beiden Minenjagdboote „Fulda" und „Flensburg" und 6 Küstenminensuchboote. Die weiteren zehn Minenjagdboote wurden zu Minenjagdbooten umgebaut und waren dazu zwischen April 1974 und Juni 1979 außer Dienst gestellt.

Die Zusammenlegung war ein Truppenversuch. Mit ihm sollte in etwa 18 Monaten der Nachweis erbracht werden, dass Ausbildung und Systemunterstützung in einem Großverband effektiver zu handhaben waren als in zwei getrennten Geschwadern. Zudem sollte der Bedarfsträger gegenüber den Werften bei dem Umbau der 10 Boote zu Minenjagdbooten der Klasse 331B und dem späteren Umbau der weiteren sechs Boote zu Hohlstablenkbooten der Klasse 351 mit einer Stimme sprechen, um Baugleichheit der Einheiten zu gewährleisten.

Am 1. Juli 1984 wurde das Minenabwehrgeschwader Nordsee in einer Zeremonie unter Führung von Kapitän zur See Klaus-Peter Niemann, dem Kommandeurs der Flottille der Minenstreitkräfte im Marinestützpunkt Wilhelmshaven wieder aufgelöst.

Die 10 neuen Minenjagdboote der
Klasse 331B sowie die beiden
Minenjagdboote der Klasse 331A
(„Fulda" und „Flensburg") bildeten
das 4. Minensuchgeschwader unter
der Führung von Fregattenkapitän
Hartmut Spieker.

Die 6 zum Hohlstablenkboot
umgebauten Boote der Klasse 351
bildeten mit ihren neuen 18
ferngelenkten „Seehunden" das 6.
Minensuchgeschwader unter der
Führung von Fregattenkapitän
Helmuth Hauck.

Anlage 13

Flottille der Minenstreitkräfte
Kommandeure

Name	von - bis	letzter DG
Adalbert von Blanc	1958 - 1961	*
Wolfgang Haack	1961 - 1964	*
Reinhart Ostertag	1964 - 1967	*
Carl Clausen	1967 - 1969	*
Horst Wenig	1969 - 1972	*
Hans-Harro Stüben	1972 - 1975	KzS
Dieter Wellershoff	1975 - 1977	****
Wolfgang Brost	1977 - 1981	**
Klaus-Peter Niemann	1981 - 1985	*
Waldemar Feldes	1985 - 1990	*
Henning Gieseke	1990 - 1992	KzS
Jörg Auer	1992 - 1993	**
Wolfgang Nolting	1993 - 1995	***
Klaus-Peter Hirtz	1995 - 1997	**
Hans-Joachim Stricker	1997 - 2001	***
Hans-Christian Luther	2003 - 2004	**
Jürgen Herling, m.d.W.d.G.b.	2004 - 2006	KzS

Anlage 14

Notizen